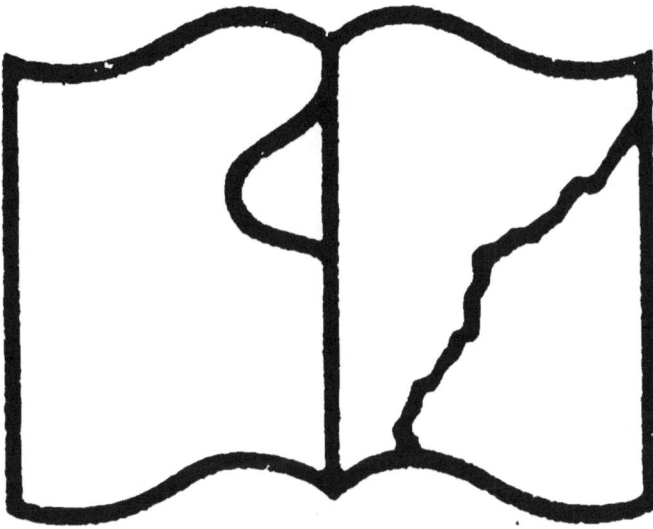

SOUVENIRS DE THÉATRE

D'UN LILLOIS

RECUEILLIS PAR

Léon LEFEBVRE

LILLE

IMPRIMERIE LEFEBVRE-DUCROCQ

1890

TIRÉ A CENT-CINQUANTE EXEMPLAIRES

SOUVENIRS DE THÉATRE

D'UN LILLOIS

SOUVENIRS DE THÉATRE

D'UN LILLOIS

RECUEILLIS PAR

Léon LEFEBVRE

———◇◦◦◦◇———

LILLE

IMPRIMERIE LEFEBVRE-DUCROCQ

—

1890

A M. Auguste LAMBLIN.

Mon cher et vieil Ami,

Permettez-moi de mettre votre nom en tête de ces pages.

Souvenirs de théâtre ! C'était le sujet invariable de nos bonnes causeries d'autrefois, auxquelles prenait part, avec l'entrain et la gaîté que vous lui connaissiez, mon excellent et regretté père.

En vous dédiant ces Souvenirs, je rends un hommage à l'amitié qui vous a liés tous deux si longtemps et c'est, en même temps, pour moi, l'occasion de vous témoigner mes sentiments d'affectueuse estime.

Léon LEFEBVRE.

Juillet 1890.

SOUVENIRS DE THÉÂTRE

D'UN LILLOIS

J'avais jadis pour voisin de théâtre un vieil amateur de spectacles. C'était le type du genre, le dernier de la race ; l'ancien répertoire lui était familier : tragédie, drame comédie en prose ou en vers, vaudeville et opéra, il connaissait tout. Il m'étonnait par ses tirades, empruntées aux classiques ; j'en étais arrivé à croire qu'il avait passé son existence dans le trou du souffleur. Le théâtre avait été la plus douce jouissance de sa vie. Fervent admirateur des maîtres français, il était un peu exclusif dans ses préférences et se montrait parfois sévère pour nos auteurs modernes.

Je me rappelle souvent les agréables soirées passées en compagnie de cet enthousiaste ; son plaisir était de m'entretenir du temps jadis. Lorsqu'il s'animait dans son récit, il faisait revivre dans mon esprit cette renommée de bon goût dont jouissait autrefois notre scène, une des premières de province.

Tout cela m'était revenu un jour à la mémoire, à propos de l'acquisition d'un livre. Je me rendis chez mon ami. Je le trouvai au coin du feu qu'il ne quitte plus depuis longtemps, cloué par l'âge et les infirmités.

— Comment, c'est vous ! quel bon vent vous amène ! me dit-il en me tendant la main.

— Je viens vous montrer un ouvrage curieux. Tenez, lisez-le à votre aise, je suis certain que vous y trouverez du plaisir.

Et je lui mis en mains les *Souvenirs et Regrets* d'Arnault ![1]

— En effet, me dit-il, après l'avoir feuilleté, cela m'intéressera. Du reste, vous savez que ce qui touche au théâtre m'attire toujours. Ah ! continua-t-il en soupirant, j'en ai aussi, moi, des souvenirs et des regrets, je pourrais en remplir des volumes ! En ai-je vu défiler de ces directeurs, de ces artistes, de tous genres et de tous talents ? Voyez-vous ce meuble, il est plein de vieux journaux, de comptes-rendus, de prospectus,

---

[1] *Souvenirs et Regrets du vieil amateur dramatique. Lettres d'un oncle à son neveu sur l'ancien Théâtre français*, par A.-V. Arnault, de l'Académie française.

de programmes, de notes de toutes sortes, amassés depuis plus de soixante ans. Tout cela concerne le Théâtre de Lille, que j'ai connu si renommé, si fréquenté et qui, depuis..... N'est-ce pas une chose étonnante, inexplicable, que cette pénurie d'artistes lyriques, à une époque où l'enseignement musical est si répandu, où les écoles sont si nombreuses, les études si facilitées ?

— Certainement, lui répondis-je, nous traversons une période critique, où les sources mêmes de l'art semblent taries. On en a cherché les causes partout, et beaucoup attribuent cet épuisement, — qui n'est qu'apparent, j'en suis convaincu, — à la liberté des théâtres. Autrefois, il fallait dix ans pour faire un chanteur, aujourd'hui on se contente de quelques mois d'études.

— Remarquez que cette pénurie atteint aussi l'art dramatique. En province, les bons interprètes sont plus rares que jamais. Vous rappelez-vous — vous qui êtes un jeune — notre scène lilloise il y a vingt-cinq ans ? Je pourrais remonter plus loin, mais ce ne serait que redites pour vous ; ne vous ai-je pas jadis rebattu les oreilles de mes radotages, ne vous ai-je pas assez fatigué de mes récriminations ?... Mais à quoi pensez-vous donc ?

— Je pense à nos anciennes soirées, et, pour les continuer, vous devriez me permettre de fouiller ces tiroirs avec vous.

— Ma foi, puisque vous paraissez y tenir, j'y consens volontiers, cela me distraira, je suis un peu égoïste — vous le savez. Je vous donne rendez-vous pour demain et nous commencerons.

Je le quittai, le lendemain nous nous mîmes à l'œuvre et ce qui suit est le résultat de nos fouilles.

Première représentation du BARBIER DE SÉVILLE

23 mai 1822.

(DIRECTION BRANCHU)

« Voici, me dit mon vieil ami, un de mes plus anciens souvenirs de théâtre, — et il me tend une feuille jaunie et fripée, c'était le programme du spectacle du jeudi 23 mai 1822, date de la première du *Barbier de Séville* à Lille. — J'allais au Théâtre pour la seconde fois ; mon père m'y avait conduit l'année précédente, à une représentation de *la Vestale*, donnée, si ma mémoire est bonne, par une demoiselle Lemesle [1], et j'ai encore présente à l'esprit (tant est vivace l'impression reçue dans l'enfance), la physionomie du parterre debout, qui devait disparaître un jour. Les gens y étaient tellement pressés les uns contre les autres, que l'on craignait à chaque instant voir se rompre la cloison qui limitait cette partie de la salle

---

1 Mlle Lemesle, du théâtre de Bruxelles, chanta *la Vestale* le 22 mai 1823 ; elle avait interprété *Didon*, de Sacchini, le 20.

et qui fléchissait sous le poids. Le banc de pourtour était envahi ce soir-là comme les autres, par des spectateurs qui s'y étaient perchés, et ne s'y maintenaient que par des prodiges d'équilibre. En attendant le lever du rideau, je m'amusais à les voir, jouet de la foule houleuse, jetés à droite, tirés à gauche ou repoussés contre le mur, puis disparaître tout d'un coup, pendant qu'un gaillard plus agile surgissait à leur place. »

Le Théâtre, qui avait été fermé pendant huit mois, avait rouvert ses portes le 20 décembre 1821. La salle venait d'être restaurée et agrandie sur les plans de Peyre, architecte du roi, Ciceri, le célèbre décorateur, et Leplus, architecte de la ville (on y avait dépensé 80,000 francs environ). Le directeur Branchu, qui exploitait le théâtre depuis six années, avait perdu les faveurs du public lillois ; il s'était adjoint pour l'année 1822 un directeur-gérant, Saint-Victor, son gendre et son associé, et finalement avait résilié son privilège La troupe était assez faiblement constituée, mais elle possédait quelques sujets qui la rendaient acceptable.

Le Barbier de Séville, mis tout d'abord à l'étude, fut représenté pendant la période des débuts.

La musique du jeune maître italien était presque inconnue à Lille ; elle y fut aussitôt appréciée et goûtée Ce qui prouve combien chez nous, on avait le sentiment musical juste, c'est l'appréciation d'un critique lillois sur la partition de Rossini : « La musique en est vive, légère, spirituelle, remplie de détails gracieux. La partie des instruments à vent, plus soignée que dans la plupart des compositeurs italiens, en général, est bien modulée. »

Cependant, le public montra peu d'enthousiasme, tout en

applaudissant fréquemment. La représentation fut très satisfaisante, et parmi les morceaux remarqués, il faut citer le duo entre Figaro et Rosine, l'air de la Calomnie et le finale du second acte.

Bouzigue cadet, la première haute-contre Elleviou, — comme on disait alors — était un Almaviva trop froid, son chant se ressentait de son peu d'aisance en scène. Mme Delanoue, première chanteuse à roulades, montra dans le rôle de Rosine les excellentes qualités de son chant et les médiocres de son jeu. Les autres rôles étaient mieux tenus : le baryton Welche, qui devait entrer à l'Opéra-Comique l'année suivante, était un Figaro parfait ; Rosambeau, dont le nom est resté légendaire, un Bartholo accompli ; quant à Duport, c'était le Basile classique, il joua son rôle en comédien.

Il y eut douze représentations du *Barbier* pendant la première année ; il serait difficile de dire quel chiffre la charmante partition de Rossini a atteint aujourd'hui, car elle n'a pas quitté le répertoire depuis. Aussi, quelle suite de Figaros, de Rosines, d'Almavivas, de Bartolos et de Basiles, de tous talents, de tous genres, de toutes tailles et de tous âges, notre scène n'a-t-elle pas vu défiler depuis plus de soixante ans ! La liste en serait longue et curieuse.

Mlle MARS

(1822, 1829)

Parmi les tableaux qui ornaient le cabinet de mon ami, j'avais remarqué un superbe portrait lithographié, c'était celui de Mlle Mars, d'après la toile du baron Gérard. Un jour, notre conversation roulait sur le *Misanthrope*, dès les premiers mots il me montra le portrait en question : « Voilà, me dit-il, la vraie Célimène de Molière ; aucune comédienne n'a atteint et n'atteindra Mlle Mars dans les rôles du grand répertoire, aucune ne l'a surpassée en naturel et en esprit dans les comédies de Marivaux, de Sedaine... et du bon M. Scribe ».

Je trouvai un peu d'exclusivisme et beaucoup d'enthousiasme dans cette apologie, car chaque époque a eu ses grands comédiens, — mais je me gardais de toute contradiction pour ne rien perdre de ces souvenirs rétrospectifs qui, ce jour-là, promettaient d'être des plus intéressants.

« Oui, j'ai vu, entendu et applaudi, à Lille, cette éminente comédienne, continua-t-il, j'étais alors dans mes vingt ans, et, comme beaucoup, je fus entraîné, séduit, subjugué par le charme de sa voix, par la grâce de son sourire, par la finesse de son jeu, car elle enchaînait tous les cœurs !

» En 1822, c'était en été, si je me le rappelle,[1] elle joua exclusivement le classique : *le Misanthrope*, *Tartufe*, *les fausses Confidences*, *les Jeux de l'Amour et du Hasard*, *la fausse Agnès*, *le Philosophe marié*, et deux drames : *Édouard en Écosse* de Duval et *Misanthropie et Repentir*, la célèbre pièce de Kotzebue.

» En juin 1829[2], nous la revîmes dans quelques pièces de l'ancien répertoire et dans *l'École des Vieillards*, *le Mariage de Figaro* et *Valérie*. Elle avait cinquante ans, alors, elle en paraissait dix-huit, ayant conservé cette jeunesse et cette fraîcheur de voix contre lesquelles le temps semblait impuissant et qu'elle devait garder longtemps encore.

» Nous voyons parfois au théâtre de ces phénomènes qu'on peut appeler consolants parce qu'ils nous font illusion à nous-mêmes ; retrouver, après vingt ans, dans le même rôle, la même artiste, sans que rien ne nous rappelle le temps écoulé, n'est-ce pas merveilleux ? Avec Mlle Mars, on eut cette bonne fortune-là.

» Mes souvenirs sont encore très nets et j'y retrouve l'impression que la grande artiste me causa dans ce rôle de Valérie, où elle ravissait et attendrissait son auditoire, dans la scène où la jeune aveugle dévoile son amour, et dans cette autre où elle recouvre la vue. Quelle gaieté, quelle insouciance dans l'Hortense de *l'École des Vieillards* ! C'était bien la

---

[1] Mlle Mars donna sept représentations à Lille, en 1822, du 15 au 27 août.
[2] En 1829. Mlle Mars ne donna que quatre représentations, du 8 au 14 juin.

jeune femme frivole, envolée, tout à coup rappelée au sentiment du devoir par la réalité. Elle fut acclamée et rappelée
après chacune de ses représentations ».

Mlle Mars n'abandonna le théâtre qu'après un demi-siècle
de succès, en 1841. Après avoir débuté, en 1792, au Palais-
Royal, chez la Montansier, dans une pièce où elle jouait —
détail peu connu — le petit Jocrisse, et où elle n'avait à dire
que ces mots à propos d'une tartine de confitures : « Mon frère,
donne-moi-z'en, » elle passa à la Comédie-Française où elle
reprit les rôles de Mlle Contat, abordant successivement les
emplois d'ingénuité, de grande coquette, puis dans la suite les
rôles si différents et si mouvementés du drame moderne. La
flexibilité de son talent était extraordinaire, mais son triomphe,
auprès des délicats, c'était toujours le classique, la haute
comédie.

Mlle DUCHESNOY.

(1825, 1830, 1832)

Si la nature s'était montrée prodigue de ses dons les plus divers à l'égard de Mlle Mars, elle avait été moins généreuse envers une autre actrice qui, à la même époque, tint une place importante sur la scène française. Mlle Duchesnois ne dut le succès qu'à son opiniâtreté et à son travail ; son physique ne prévenait pas en sa faveur, ses traits étaient durs, irréguliers, grossiers presque, mais l'éclat, le feu de son regard, sa voix, qui exprimait si violemment la passion et qui excitait la pitié à un si haut point, faisaient oublier sa laideur. Les difficultés qu'elle rencontra à ses débuts ne firent que s'accroître lorsqu'on lui opposa comme rivale la belle Mlle Georges ; elle les surmonta toutes, et resta bientôt maîtresse du champ de bataille, car en ce temps-là, on se battait encore pour l'amour de l'art.

Mlle Duchesnois (Joséphine Rafin) était née dans notre département, à Saint-Saulve, et si ses voyages dans le Nord furent nombreux, la cause en est qu'elle aimait à se faire entendre à Valenciennes, à revoir cette ville amie, où, avec l'aide de quelques amateurs, elle fit ses premiers pas dans la carrière dramatique.

En 1807, en 1816, en 1820, elle donna de fréquentes représentations à Lille [1] ; elle y revint en août 1825 et joua *Phèdre*, *Marie Stuart*, *Iphigénie* et *Alzire*. Dans *Phèdre*, où elle avait débuté en 1802 à la Comédie-Française, Mlle Duchesnois atteignait le sublime, c'était avec un accent de colère, mêlé de haine et de mépris, qu'elle lançait la célèbre apostrophe, invariablement soulignée par les clameurs des libéraux :

> Détestables flatteurs, présent le plus funeste
> Que puisse faire aux rois la colère céleste.

Dans *Iphigénie*, malgré une sérieuse indisposition, elle mena le rôle de Clytemnestre avec une vigueur qui montrait sa force de volonté ; dans *Alzire*, ce fut un véritable triomphe, triomphe aussi dans la *Jeanne d'Arc* de Darvigny, cette pièce si française où elle se montra admirable. « Jamais Duchesnois n'a été plus belle ! » répétait-on à l'envi ; c'était l'opinion de tous.

Dans cette série de représentations de 1825, Mlle Duchesnois fut fêtée ; chaque soir, la salle était comble. Les amateurs voulaient profiter d'entendre cette admirable artiste, car le bruit courait que le Théâtre-Français avait décidé de ne plus accorder de congés à ses pensionnaires, Talma excepté. Mlle Duchesnois était la seule grande tragédienne de l'époque, et elle était vraiment digne de ce nom.

Au mois de mars 1830, Duchesnois vint inopinément à Lille

---

[1] En juillet 1807, Mlle Duchesnois joua *Phèdre, Didon, Ariane ;* en décembre 1816, *Phèdre, Mérope, Esther* et *Andromaque* , en juin 1820, *Marie Stuart, Jeanne d'Arc* et *Phèdre.*

avec sa troupe. Peu de monde à la première soirée annoncée seulement par l'affiche du 12, qui portait *Marie Stuart*, de Lebrun. En revanche, foule le 15, à *Elisabeth de France* dont les nombreuses péripéties tragiques produisirent une vive impression. Enfin le 16, dans *Phèdre*, dans ce rôle où elle excellait, enthousiasme impossible à décrire, le public réclama la promesse d'une quatrième représentation qu'il ne put obtenir. Un jeune élève de Talma figurait dans cette troupe, son talent fut fort remarqué.

En 1832, Mlle Duchesnois revint pour la dernière fois, affaiblie et déjà touchée par le mal qui commençait son œuvre. N'importe, la tragédienne luttait, et dans cette admirable *Mérope*, elle déploya toute la perfection de son talent ; elle arracha des larmes, qu'elle versait elle-même, dans ces scènes du chef d'œuvre de Voltaire, où l'amour maternel se manifeste avec tant de violence. *Mérope* fut jouée deux fois, les 2 et 4 octobre; le 4, avec le second acte d'*Athalie*. Le 7, pour sa dernière représentation et ses adieux au public lillois, adieux qui devaient être définitifs, elle reprit *Phèdre*, dans laquelle elle s'était en quelque sorte incarnée.

L'année suivante, terrassée par la maladie, elle quittait le théâtre pour ne mourir qu'après deux ans de cruelles souffrances.

Mlle GEORGES

(1824, 1826, 1847)

Mlle Georges, la rivale de Duchesnois, avait débuté presqu'en même temps qu'elle au Théâtre-Français en 1802. Son apparition avait été un évènement, et plus d'un lettré, en la voyant s'avancer sur la scène, se rappela le *vera incessu patuit dea* du poète. On eût dit une statue descendue de son piédestal, sa démarche, sa taille, son profil de camée, tout chez elle était l'expression du Beau.

A l'époque de sa jeunesse, Mlle Georges était remarquablement belle, mais le feu sacré n'animait pas ce marbre antique ; ses traits, d'une pureté exquise, manquaient de cette mobilité qui, chez Mlle Duchesnois, exprimait la passion à un si haut point. La nature l'avait désignée pour l'emploi des reines, elle s'y incarna ; elle tint ce rôle sans partage, et voulut mourir reine de théâtre : à ses derniers instants, en 1867, elle demanda à ses amis d'être enterrée vêtue d'une robe de soie noire et couverte de son manteau de Rodogune.

Mlle Georges fit trois séjours à Lille : en 1824, en 1826 et en 1847.

Dans sa tournée de 1824, elle était accompagnée d'une excellente troupe de tragédie et de comédie qui comptait entre autres : Bocage, Eric Bernard, Rosambeau, etc. Cette troupe joua pendant la saison d'été, durant un mois et demi [1].

En 1826, Mlle Georges vint seule et se contenta des ressources de la troupe de Lille, qui la seconda d'une manière très satisfaisante ; elle donna une série de sept représentations, du 21 novembre au 4 décembre, composée de *Jeanne d'Arc*, *Sémiramis*, *Léonidas*, *Mérope*, *Esther*, et le 2e acte d'*Athalie*. Une foule considérable se rendit au théâtre pour l'applaudir.

La *Jeanne d'Arc* de Darvigny, que jouait Mlle Duchesnois, en 1820, était déjà démodée, c'était celle de Soumet que Mlle Georges interprétait, elle y produisait un grand effet, et lorsqu'à la fin du dernier acte, au moment de s'élancer sur le bûcher qui l'attend, Jeanne, drapée dans une tunique blanche, serrant avec amour la bannière française, saisit l'oriflamme et s'enveloppe de ses plis, elle entraînait l'auditoire.

Dans *Sémiramis*, nulle autre n'atteignait sa noblesse et sa

---

1 Voici la composition de ces représentations de 1821 ; les pièces dans lesquelles Mlle Georges a joué sont indiquées en lettres italiques :

1er août, *Sémiramis*, — le Roman d'une Heure.
2 — *Mérope*, — les Étourdis.
5 — *Macbeth*, — les Rivaux d'eux-mêmes, — le Parleur éternel.
8 — *Médée*, — le Barbier de Séville.
10 — *Rodogune*, — le Mari et l'Amant, — les Étourdis.
12 — *Les Macchabées*, — Shakespeare amoureux, — les Projets de Mariage.
15 — *Britannicus*, — *Athalie*, — l'Amour et la Raison.
17 — *Œdipe*, — les Jeux de l'Amour et du Hasard.
19 — *Jane Shore*, — l'École des Vieillards.

La troupe continua ses représentations et Mlle Georges reprit le

31 août, *Macbeth*, — Luxe et Indigence.
1er sept. *Marie Stuart*, — Défiance et Malice.
6 — *Gabrielle et Vergy*, 2e acte d'*Athalie*, — une Journée à Versailles.
7 — *L'Orphelin de la Chine*,— le Dépit amoureux,— la Jeune Femme colère.
10 — *Iphigénie*, — Catherine ou la belle Fermière.

dignité ; mais son succès le plus grand, dans cette tournée de 1826, fut *Léonidas*, tragédie de Michel Pichat. Il faut se rappeler qu'à cette époque, un souffle d'indépendance agita la Grèce, la France n'y resta pas indifférente ; le « bataillon sacré des Philhellènes », recruté par le général Fabvier, comptait de nombreuses recrues dans le Nord. Mlle Georges, lors de son voyage à Lyon et à Grenoble, avait donné *Léonidas*, au bénéfice des Grecs, au milieu d'un enthousiasme indescriptible. Dans cette tragédie, elle jouait Archidamie, la reine spartiate, et déclamait avec une ardeur patriotique plusieurs tirades emflammées ; les nombreuses scènes de cet ouvrage où l'idée et le mot de *liberté* revenaient sans cesse, faisaient naître une tempête de cris, d'acclamations, de trépignements à faire trembler la salle.

Vingt et une années s'étaient passées quand Mlle Georges revint en 1847; elle avait abandonné la tragédie classique pour le drame romantique moderne, elle y tenait toujours avec la même autorité impérieuse et hautaine, son rôle de reine, sa brillante incarnation. Ce n'étaient plus Médée, Rodogune, Agrippine ou Clytemnestre, mais Lucrèce Borgia, Marie Tudor et Marguerite de Bourgogne.

Une troupe spéciale l'accompagnait, et l'étonnement fut grand lorsque l'on vit que ni le temps ni l'âge n'avaient affaibli son talent; ses traits, plus accusés, avaient perdu de leur finesse, mais le masque était plus tragique, son geste était plus dur, plus exagéré, mais il convenait bien au nouvel art dramatique, son succès fut immense ; elle joua :

le 3 juin, *Marie Tudor*,

6 — *Lucrèce Borgia*,

le 7 juin, *La Tour de Nesle,*
13 — *Marie Tudor,*
14 — *Sémiramis* et *Lucrèce,*
20 — *La Tour de Nesle.*

Le public lillois la retrouva tout entière dans ces scènes violentes où l'astuce et le crime le disputent à des sentiments tout opposés ; superbe d'attitude, de diction et de physionomie, elle s'y montrait passionnée, terrible, et malgré un embonpoint excessif, sa mimique restait énergique et mouvementée.

Pendant plus d'un demi-siècle, Mlle Georges occupa la scène française, elle y brilla d'un éclat incontesté ; sa merveilleuse beauté constitua, à ses débuts, son principal mérite. A cet avantage qui passe, elle eut le bonheur d'en joindre un autre plus durable, le talent.

———

Première représentation d'OTHELLO

4 mars 1824.

(DIRECTION LECOMTE)

« Que vont dire les dilettanti, les enthousiastes de Rossini, quand ils apprendront que le chef-d'œuvre de leur idole, l'illustrissime More de Venise, n'a réussi qu'à demi sur le Théâtre de Lille ? » Telle était la question que posait un journaliste lillois, après la première représentation d'*Othello* en 1824.

La troupe de Lecomte terminait tant bien que mal l'année théâtrale, et les artistes qui devaient créer *Othello* étaient au-dessous de leur tâche. Leur voix manquait de la flexibilité et de l'étendue nécessaires pour aborder cette partition où les traits de vocalise sont en grand nombre, où les difficultés de toutes sortes se rencontrent à chaque page Lecomte, qui tout étant directeur, tenait l'emploi de premier ténor, créa Othello ; c'était à peu près le seul artiste qui méritât quelques éloges. M⁰⁰ Liger (Desdemone), quoique chantant d'une manière satisfaisante, montra, dans son rôle, une faiblesse notoire.

L'orchestre fut détestable, sa nonchalance, son inattention

influèrent beaucoup sur l'insuccès d'*Othello* ; les habitués du Théâtre murmurèrent devant ce laisser-aller. Les chœurs exécutés sans ensemble, furent pitoyables, et le divertissement intercalé au premier acte avait été maladroitement réglé. Mᵐᵉ Lecomte, la première danseuse, « que les soins de la maternité tenaient éloignée de la scène », n'avait pu faire applaudir son talent, très apprécié des Lillois.

—

Passons sur la reprise de 1830, qui n'offrit rien de particulier.

En 1846, *Othello* n'était plus le même, et notre critique de 1824, s'il survécut, dut changer de langage. L'ouvrage avait été remanié, lors de son passage à l'Académie de musique. La traduction française de Royer et de Vaez avait remplacé l'adaptation de Castil-Blaze, et les récitatifs de Benoît, les dialogues parlés.

La première représentation de la reprise fut donnée le 16 février, au bénéfice de Lesbros, qui fut salué à son entrée par les acclamations de toute la salle.

Valgalier (Othello), Scott (Rodrigue), Mathieu (Brabantio), Lesbros (Yago), Mᵐᵉ Morel-Scott (Desdémone), telle fut la distribution de 1846, digne de l'œuvre du maître, et qui le vengea de l'échec subi douze ans auparavant.

Le succès fut éclatant ; Valgalier était superbe ; sa voix étendue, pleine d'éclat dans les notes élevées, vibrait avec une pureté extraordinaire. Les anciens se souviennent encore de la manière dont il interprétait le fameux passage :

> Je veux punir l'ingrate
> Et puis mourir après.

Mme Morel-Scott phrasa avec un très grand sentiment la romance du Saule, et exécuta sans effort, avec une clarté étonnante, les nombreux traits de vocalise dont Rossini a émaillé sa partition.

—

Othello n'a paru que six fois au répertoire depuis 1824. La dernière reprise eut lieu en 1875.

—

On raconte que Garcia, le créateur d'origine d'*Othello*, jouait avec une telle vérité, que sa fille, la future Malibran, craignait qu'il ne la tuât dans la scène tragique finale. Semblable crainte frappa l'imagination d'une des dernières Desdémone à Lille : notre More y mit tant de passion et s'élança sur elle, le poignard à la main, avec tant de violence, que la *povera* tomba en syncope en poussant un cri d'effroi.

Première représentation du FREISCHUTZ

27 octobre 1825.

(Direction Cousin-Floricourt)

———

En ce temps-là, le *Freischutz* s'appelait *Robin-des-Bois* ; on y ajoutait même un sous-titre, *ou les Trois Balles*.

Par une singulière coïncidence, l'œuvre de Weber était représentée pour la première fois, le même jour, 27 octobre 1825, à l'Odéon (traduction de Sauvage), et au Théâtre de Lille (traduction de Castil-Blaze).

C'était une des plus délicieuses partitions qui avait été interprétée, depuis longtemps, sur la scène lilloise ; le succès fut spontané La popularité lui fut acquise dès le premier soir, et les amateurs furent ravis d'entendre ce chef-d'œuvre, où la mélodie la plus pure, les effets d'orchestration et les modulations savantes se succèdent tour à tour.

Le poème, légendaire et obscur par lui-même, n'avait pas été des plus habilement traité par Castil-Blaze, et son adaptation n'était pas heureuse. Le traducteur — *tradulore, traditore* — avait modifié les scènes et changé les noms.

Le rôle de Max (qui s'appelait alors Tony) était chanté par Nicolo Isouard, Gaspard (*alias* Richard), c'était la basse Varin, et le rôle mélancolique d'Agathe, qui n'était même pas resté debout dans ce bouleversement des noms, fut interprété par M⁻⁻ Nicolo. Tous méritèrent des éloges.

L'orchestre et les chœurs marchèrent avec un ensemble rare. La « walse » ainsi que le chœur des chasseurs obtinrent un accueil enthousiaste.

L'orchestre avait été renforcé de cors, et par suite du manque de place, on avait dû supprimer d'autres instruments.

Grande avait été la part faite à la mise en scène : Saint-Paul l'avait réglée admirablement, on y remarquait une chasse aérienne, au second acte, où par des effets d'optique et de projection, on voyait lions et sangliers poursuivis par la meute du Chasseur noir, puis des flammes rouges, des torrents de feu à la scène de la Fonte des balles.

Deux décorations nouvelles avaient été brossées par Ciceri et Lebe.

—

Le *Freischutz* revint au répertoire à peu près tous les ans jusqu'en 1837. Nous ne l'avons pas entendu à Lille depuis 1856, sous la direction Parisot, où il fut très bien monté et très bien interprété par Bineau (Max), Bataille (Gaspard), M⁻⁻ Voiron et Feillinger.

LIGIER

(1823, 1825, 1833, 1850)

Talma avait rencontré Ligier dans un de ses voyages à Bordeaux, il lui avait trouvé l'instinct dramatique, l'avait encouragé, conseillé, protégé. C'est grâce à cet appui que Ligier put, au sortir de sa ville natale, où il s'était fait connaître par des succès locaux, obtenir une audition à la Comédie-Française. Refusé, en partie pour insuffisance de taille, il entra au Conservatoire, travailla avec une ardeur assez rare, soutenu, il faut le dire par une égale ambition. Opiniâtre et têtu, le petit vitrier de Bordeaux força l'entrée de la Comédie-Française et y débuta cinq mois après son arrivée à Paris, il avait 23 ans. Il commença à montrer des vues ambitieuses, en sollicitant coup sur coup des premiers rôles, des gratifications, des augmentations, réclamant enfin son admission comme sociétaire. Ces débats duraient depuis trois ans, Ligier aspirait à doubler Talma, la Comédie avait accordé ce qu'elle pouvait, quand un beau soir, le 4 mars 1823, l'artiste refusa de jouer.

Les théâtres de Paris lui étant fermés par décision royale, Ligier parcourut la province; au mois d'octobre, il vint à Lille. Malgré ses démêlés avec l'Administration, l'affiche portait son nom en vedette avec les titres de « comédien du Roi et sociétaire du Théâtre-Français ». Du 12 au 23, il joua le répertoire de Talma : *Adelaïde Duguesclin*, *Manlius Capitolinus*, *Othello* et trois fois *Hamlet*. De tous ces rôles, celui d'*Othello* était le seul qui était alors complètement approprié à sa taille et à son jeu ; il y produisit une vive impression. Petit, vif, l'air hautain, il rendait avec une grande vérité les accès de passion du terrible Maure Dans *Hamlet*, il modérait son allure, la brutalité naturelle de ses gestes et cette sorte de contrainte donnait un cachet particulier à son débit

Après une absence de deux ans, il retourna à Paris et entra à l'Odéon en octobre 1825. Il vint donner trois représentations, à Lille, en juillet : *Virginie*, *Othello* et *les Templiers*, et toujours, sur l'affiche, figurait le nom du Théâtre-Français, c'était y mettre de la persévérance ; il était accompagné de Mme Gustave. Comme en 1823, Ligier fut fort goûté, il avait gagné depuis sa dernière visite ; sa physionomie mobile, sa voie mâle et caverneuse semblaient avantageusement modifiées, il mettait dans son débit plus de chaleur, il était entraînant. Le public lillois lui témoigna beaucoup de sympathie, on taxait bien un peu cette sympathie d'exagération, on parlait d'engouement irraisonné, mais Ligier était l'élève et le protégé de Talma, de Talma qui avait laissé chez nous un si vif souvenir. C'était un titre près des Lillois, et puis il avait gardé les intonations de son illustre maître, observé ses traditions. Il joua avec une profondeur tragique le rôle de Jacques Molay, des *Templiers* ; dans *Othello*, il fut acclamé, rappelé après chaque acte, honneur suprême à cette époque et réservé seulement aux « excellences de la scène », prodigué aujourd'hui au plus ordinaire cabotin. Il faut aussi ajouter, comme facteur de ce succès, la question politique ; la censure se montrait sévère, tout passage pouvant amener une allusion quelconque était impitoyablement supprimé. Ce fut de même, et bien pis, huit ans après, en 1833, quand Ligier vint, du 26 février au 14 mars, jouer deux fois *Othello, Hamlet, une Fête sous Néron* et trois fois *Louis XI*. Il était alors à l'apogée de son talent ; il nous fit admirer le drame en vers de Casimir Delavigne. Aussi quelle foule ! On s'étouffait aux portes du Théâtre. Succès immense... et bruit épouvantable ; quelques suppressions maladroites dans *Othello* amenèrent du tumulte. Il y avait des claqueurs embauchés, lesquels, il faut le dire, n'eurent pas grand chose à faire.

Enfin en août 1850, — ce fut sa dernière visite, — *Louis XI, Othello, Virginie* et *les Templiers*. Les esprits étaient plus calmes, moins d'enthousiasme, demi-salle même, mais un public intelligent dont Ligier dut plus apprécier l'accueil flatteur que les manifestations populaires de 1832.

—

En 1852, Ligier quitta la Comédie-Française ; il fit encore de loin en loin quelques apparitions au théâtre, puis se retira définitivement de la scène Il est mort en 1872, à Bordeaux, âgé de soixante-dix-sept ans.

Première représentation de LA DAME BLANCHE

28 mars 1826.

(DIRECTION COUSIN-FLORICOURT)

On était alors aux derniers jours de la saison, le Théâtre devait bientôt fermer ses portes. Cependant la direction, par un habile calcul, ne voulut pas tarder plus longtemps à monter *la Dame blanche*, dont la première représentation à Paris avait eu lieu, à l'Opéra-Comique, trois mois et demi avant, le 10 décembre 1825.

Cousin-Floricourt, le directeur privilégié, avait su conquérir les faveurs du public lillois, il était grassement subventionné : 20,000 francs, plus le droit des pauvres, plus une indemnité de décors de 3,000 francs, etc., — nous avons toujours su bien faire les choses à Lille. — Il est juste d'ajouter que la troupe était très bonne, que le répertoire avait été choisi et, de plus, fort varié. L'énumération que nous pourrions en faire étonnerait plus d'un directeur de nos jours ; on y comptait quatre-vingts opéras ou ballets, autant de tragédies, drames ou comédies et une quarantaine de vaudevilles ou comédies-vaudevilles.

Parmi les opéras nouveaux montés dans le courant de cette même année, citons : *Robin des Bois*, de Weber ; *le Valet de Chambre*, de Carafa ; *le Maçon*, d'Auber ; *Zemire et Azor*, de Spohr, mis à la scène par Brovellio, un Lillois, et *la Dame blanche*.

Le chef-d'œuvre de Boïeldieu, monté avec soin, et rendu d'une façon irréprochable, obtint un succès éclatant.

Nicolo-Isouard, la haute-contre, neveu de l'auteur de *Joconde*, chantait Georges Brown ; Rosambeau, dont le nom est demeuré légendaire au théâtre, créa le rôle de Gaveston ; Ricquier, qui nous resta plus de dix ans et ne nous quitta qu'en 1835, pour entrer à l'Opéra-Comique, celui du fermier Dickson. Le juge Mac Irton, c'était une excellente laruette, Saint-Paul. Mme Nicolo chantait Miss Anna avec goût et précision ; Mme Rosine, la fermière Jenny et Mme Duquesnoy, la vieille Marguerite. L'orchestre trop peu nombreux était dirigé par Duquesnoy, qui éprouva quelques difficultés, vu la pénurie des violons et le nombre insuffisant des choristes.

Quel accueil on fit à la *Dame blanche* ! C'était une fureur. Les mélodies de cette délicieuse partition étaient sur toutes les lèvres ; dans les salons, on accompagnait sur la harpe la ballade du 1er acte, la cavatine « Viens gentille Dame » et les couplets de Marguerite étaient chantés par tous ceux qui possédaient le moindre filet de voix.

La critique lilloise n'épargna pas la prose de Scribe et jugea fort sévèrement ce livret sur lequel, ceux de nos jours, devraient pourtant prendre modèle : « nombreux anachronismes, vers sans rime ni raison, intrigue péniblement débrouillée, ignorance des mœurs, de temps et de lieu, etc. » Voilà les défauts signalés, mais les éloges sont sans restriction en ce qui concerne la partition de Boïeldieu ; on trouva seulement que la célèbre cavatine était écrite un peu trop haut, car tous les ténors n'avaient ni la voix ni le talent de Ponchard.

Voici, jour par jour, le chiffre des recettes des sept premières représentations de la *Dame blanche* données à la fin de l'année théâtrale 1825-26 :

Le 28 mars, la *Dame blanche* (1re rep.), avec *l'Amour et la Raison*			971 fr. 45
Le 30 » »		avec *le Mari et l'Amant*	905 fr. »
Le 2 avril, »		avec *l'Ecole des Bourgeois*	912 fr. 85
Le 6 » »		avec *Mme de Sévigné*	672 fr. 60
Le 9 » »		avec *le Voyage à Dieppe*	1180 fr. 30
Le 16 » »		avec *l'Amant bourru*	1136 fr. 70
Le 20 » »		(clôture) avec *le Maçon*	1720 fr. »

sans compter l'abonnement. Il faut remarquer aussi que le prix des places était de beaucoup inférieur à celui actuel et que la salle n'était pas ce qu'elle est aujourd'hui, elle contenait 1300 places environ.

L'année suivante, Cousin-Floricourt ne manqua pas de remettre *la Dame blanche* au répertoire, qui fournit une suite de vingt représentations à recettes.

Première représentation du COMTE ORY

19 février 1829.

(Les Artistes en Société)

———

C'est le seul grand-opéra qui ait été monté dans cette funeste campagne théâtrale de 1828-29.

Après la fuite de leur directeur, les artistes s'étaient mis en société, mais, par suite de la désorganisation successive de la troupe, le public s'était peu à peu éloigné du théâtre, les recettes étaient nulles et la déconfiture approchait. Par une combinaison nouvelle, qui parut avoir chance de réussite, on nomma une commission privilégiée qui prit bravement le parti de lutter jusqu'à la fin.

Sous le couvert d'une représentation à bénéfice on donna la première du *Comte Ory.* Les bénéficiaires en nom étaient deux membres de la commission, Delanoue et Lapique, chef d'orchestre ; en fait, c'était la troupe entière.

Le rôle du comte créé avec tant d'éclat par Nourrit (qui devait le chanter sur notre scène un an après) fut confié à

Emeric, un ténor plein de bonne volonté, qui était le troisième de la série depuis l'ouverture de la saison.

Margailhan, une très bonne basse (qui avait eu aussi des prédécesseurs dans le courant de l'année) prit le rôle du gouverneur.

L'écuyer Raimbaut était représenté par Foignet, artiste émérite, compositeur de talent, qui tenait l'emploi de baryton (Martin-Laïs-Solié) depuis tantôt dix ans, sur les premières scènes françaises et belges.

La partie féminine était tenue par Mᵐᵉ Cervetta (la comtesse), une excellente chanteuse qui n'avait contre elle qu'un physique désagréable, Mᵐᵉ Théodore (dame Radegonde), la duègne légendaire du théâtre de Lille, et Paul Loth, le gentil Isolier, « noble page du comte Ory ».

Au premier acte l'air du gouverneur fut fort applaudi, ainsi que l'entrée de Raimbaut, les chœurs et l'orgie du second acte. L'exécution générale avait été bonne, mais le public se montra très réservé.

Quoique fort enrhumé, Emeric sortit parfaitement de sa tâche. Margailhan chanta magistralement l'air : « Veiller sans cesse, » du premier acte ; sa voix flexible se prêtait à toutes les modulations de la musique de Rossini. Mˡˡᵉ Cervetta vocalisait d'une manière brillante, avec une grande facilité.

Malgré cela, l'accueil fut bien froid ; c'était mal récompenser le courage et les efforts de ces artistes qu'une aussi funeste campagne n'avait point abattus, et qui voulurent encore essayer de se relever avant la fermeture du théâtre en montant *la Fiancée*. Mais tout fut inutile. Le dernier jour, il restait mille francs en caisse pour payer l'arriéré de trois mois d'appointements à toute la troupe et les autres frais ; le désastre fut complet.

—

Le Comte Ory tint le répertoire régulièrement pendant une dizaine d'années. Les reprises ultérieures furent peu nombreuses. La dernière en date est de 1872 ; les interprètes étaient Seran. Montfort, Riquier-Delaunay, Mmes Barwolf et Cécile Mézeray.

Première représentation de LA MUETTE DE PORTICI

25 juin 1829.

(DIRECTION BERGERET)

Ce fut pendant la morte-saison, la saison d'été, après une série de représentations de Mlle Mars, que le chef-d'œuvre d'Auber parut sur la scène lilloise.

Le nouveau directeur Bergeret, arrivant après une suite de désastres — qu'il devait continuer en prenant la fuite l'année suivante, — fut accueilli presque comme un rénovateur; il fit de réels efforts pour relever le Théâtre de Lille, et mérita, selon son désir et ses expressions, « le suffrage du public »; sa troupe passa en entier aux débuts. Aussi, sans tarder, il monta *la Muette de Portici*, qui obtenait à Paris et en province un succès dépassant toute attente.

La partition si riche et si colorée d'Auber avait trouvé dans le livret de Scribe et Delavigne un élément de popularité. L'action tumultueuse et vivante de la pièce, les grands mots de liberté et d'amour de la patrie, les appels aux armes et le triomphe du peuple produisaient un effet entraînant et irrésistible. Partout, en France comme à l'étranger, cette admirable partition fit courir comme un souffle d'indépendance ; à Bruxelles, la révolution de 1830 éclata après une représentation de *la Muette* à la Monnaie. Chez nous, les cris et les bravos frénétiques des spectateurs dénotaient suffisamment l'effervescence des esprits.

Le succès, à Lille, fut éclatant, la représentation du 25 juin ne fut qu'une suite d'ovations.

L'ouverture de ce bel opéra, véritable narration musicale, qui dépeint avec tant de clarté la révolte des Napolitains et le triomphe de Masaniello, devint immédiatement populaire. On acclama à plusieurs reprises les couplets de la barcarolle, le duo patriotique et la scène du marché.

Le ténor Théophile s'acquitta à merveille de ce rôle de pêcheur-roi, dans lequel il s'était en quelque sorte incarné ; l'année précédente il avait créé à Lille le même personnage dans le *Masaniello* de Carafa. Sa voix fraîche était pleine d'éclat, il mettait dans son chant de l'âme et de la chaleur ; Martin, le baryton, avait pris le rôle de Pietro qu'il jouait avec autant de talent qu'il le chantait ; le rôle effacé d'Alphonse était échu à Jolly, un excellent ténor. Mme Rocher (Elvire) avait de grandes facilités de vocalise, elle était parvenue, grâce à sa méthode, à faire passer sur une prononciation défectueuse et un jeu affecté. Mme Jolly mima avec vérité et un jeu de physionomie très expressif le rôle long et fatigant de la jeune Fenella. Les chœurs avaient été renforcés, mais ils manquaient d'un peu d'entrain et de vigueur ; les deux chefs d'orchestre, Muller et de Windt, avait déployé une grande activité pour monter cet ouvrage en quinze jours.

5

Une maladie assez grave de Théophile suspendit le cours des représentations de *la Muette*, qui fut donnée douze fois pendant l'année.

—

A la fin de la saison, Nourrit, le créateur du rôle à Paris, interpréta deux fois, les 16 et 19 avril, le chef-d'œuvre d'Auber. Quelle délicatesse exquise et quelle énergie il montrait tour à tour! Ces représentations laissèrent le public lillois sous une impression aussi charmante que durable; c'était heureusement terminer l'année et habilement préparer la réouverture de la saison suivante.

Parmi les chanteurs qui abordèrent le rôle de Masaniello, à part Nourrit, dont il se rapprochait, aucun ne laissa de plus agréable souvenir que Poultier, lorsqu'il vint en février et mars 1845, puis plus tard en 1860. Il rendait avec une grâce et une sensibilité inouïes l'air du Sommeil, la perle de cette admirable partition, qui restera une des plus belles pages du maître.

Les premières de GUILLAUME TELL

(1831, 1836, 1838, 1842)

Le chef-d'œuvre de Rossini, son trente-septième et dernier opéra, a eu à la scène des fortunes bien diverses : quelquefois indignement mutilé, il fut réduit tantôt de moitié, tantôt à un seul acte. Malgré cela, *Guillaume Tell* a toujours été un sujet d'admiration pour les véritables amis de l'art musical et le maître a pu voir son œuvre souvent modifiée, mais toujours applaudie.

Et c'est Paris, c'est l'Académie de musique qui a donné l'exemple : dans une période de quarante-cinq ans (de 1829 à 1876), *Guillaume Tell* a été joué : 1 fois en 1 acte,

63 — 2 actes
243 — 3 —
9 — 3 — et 1 tableau
330 — 4 —

A Lille, comme ailleurs, on a suivi l'exemple de Paris ; l'opéra n'a été joué que très rarement en quatre actes.

Guillaume Tell fut représenté pour la première fois à l'Opéra le 3 août 1829 ; les principaux créateurs furent : Mme Cinti-

Damoreau (Mathilde), Nourrit (Arnold), Dabadie (Guillaume).

1837, Duprez reprit le rôle de Nourrit, avec un éclat tel que ce dernier en conçut de l'ombrage ; il rétablit l'air du 4e acte, « Asile héréditaire », que son prédécesseur avait fini par supprimer comme trop fatigant pour sa voix, et lança dans la strette finale, ce fameux *ut* de poitrine qui devint et resta le point de mire de tous les ténors.

La première représentation de *Guillaume Tell* eut lieu, à Lille, le 14 avril 1831 [1]. La direction était alors entre les mains d'une société par actions ; l'année avait été désastreuse et l'on espérait faire recette avec l'opéra de Rossini. Malheureusement les moyens étaient insuffisants ; la troupe désagrégée, l'orchestre incomplet, n'étaient pas à la hauteur d'une semblable entreprise. Néanmoins, on en sortit sans trop grand dommage : Mme Goossens, « première chanteuse à roulades, » se fit applaudir dans l'air de Mathilde et le duo du second acte. Cœuriot chanta convenablement Arnold, et H. Martin, Guillaume. On ne donna que trois représentations des 1er et 2e actes.

Guillaume Tell reparut sur notre scène cinq ans après, le 8 avril 1836, sous la direction Caruel. On ne joua que le 2e acte, trois fois. Lapique chantait Arnold avec beaucoup de succès ; Molinier, Guillaume et Mlle Bégrez, une débutante fort émue, Mathilde.

En 1837-38, même direction, on joua une fois le 1er acte

---

[1] L'ouverture, déjà célèbre, avait déjà été exécutée pour la première fois au Théâtre l'année précédente, le 15 novembre 1829.

et sept fois le 1er et le 2e acte ; Adrien, Arnold, Lavilliers, Guillaume, et Mre Marneffe, Mathilde ; rien de particulier.

Le 30 octobre 1838, sous la direction Bénard et Dengremont, on reprend l'opéra de Rossini, en trois actes, cinq représentations, et on joua deux fois les 1re et 2e actes. Gauthier, un ténor très discuté, chantait Arnold et Pamel, Guillaume, Mme Duchampy, Mathilde. L'exécution fut, en général, fort satisfaisante ; on avait arrangé un nouveau dénouement, la dernière scène du quatrième acte avait été déplacée et ajoutée à la fin du troisième acte.

L'année suivante, Dengremont, seul directeur, reprit *Guillaume Tell* le 1er septembre ; les 1er et 2e actes, suivis de l'air : « Asile héréditaire » et des stances guerrières qui formaient un troisième acte, furent représentés cinq fois dans le courant de l'année 1839-40 et les deux premiers actes une fois. Wimphen, très goûté et très applaudi dans Arnold, et Saint-Aubin, chantait Guillaume, Mme Rabi, une seconde chanteuse qu'on encourageait beaucoup, Mathilde. L'orchestre avait été remanié et augmenté par Bénard, qui en était le chef. Un hautboïste de talent, Van Gelder, frère de celui qui devait plus tard épouser à Lille Mlle Julian, fut très remarqué dans le solo de l'ouverture.

Ce n'est qu'en 1842, à l'occasion des débuts du ténor Espinasse, le 24 novembre, que *Guillaume Tell* fut représenté en quatre actes. Mme Hébert chantait Mathilde, et Pauly, Guillaume ; Boulo détaillait à ravir la barcarolle du 1er acte. Espinasse accomplit avec éclat son troisième début dans le rôle d'Arnold ; son jeu expressif, sa voix très pure, forte et étendue, la clarté de sa diction et la façon dramatique dont il rendit le trio du second acte, tout cela excita le plus vif enthousiasme et lui conquit les faveurs du public lillois.

—

Peu d'artistes étrangers se sont produits sur notre scène dans *Guillaume Tell*. Parmi ceux qui ont laissé le plus de souvenirs, nous citerons Delavarde, du Théâtre de Gand, qui eut un grand succès en octobre 1844 ; puis Renard, notre concitoyen, qui vint à deux reprises différentes en 1854 et en 1863

Dans les reprises qui suivirent — et sauf pendant une période de six ans, entre 1850 et 1856, *Guillaume Tell* resta chaque année au répertoire, — il y eut toujours quelques modifications souvent les mêmes, et lorsqu'on jouait le quatrième acte, l'affiche portait invariablement la mention suivante : « Le quatrième acte se terminera après l'air : « Asile héréditaire. » Quand la troupe comportait un ballet, on exécutait les différents pas écrits avec tant de grâce et de légèreté par Rossini ; au cas contraire, la scène restait vide pendant que le chœur chantait l'air célèbre : « Toi que l'oiseau ne suivrait pas ! »

Parmi les suppressions que la tradition a, en quelque sorte, consacrées à Lille, citons : au 1er acte, le chœur « Hyménée ! » et la fête des pasteurs. Au 3e, l'air de Mathilde et le duo avec Arnold qui y fait suite ; cet acte commençait généralement par la marche guerrière et le chœur : « Gloire au pouvoir suprême » — on supprime ou on ne danse pas le ballet ; — quant au final, il est abrégé de moitié. Pour le 4e acte, il se compose invariablement du récitatif d'Arnold, de l'air : « Asile héréditaire » et de l'inévitable : « Suivez-moi ! » Les directeurs ont conservé pieusement cet usage jusqu'aujourd'hui.

On a essayé d'expliquer les motifs de ces mutilations sans réussir à les excuser. On s'est attaqué au livret dont on a fait ressortir les défauts et la longueur, sans toutefois parler des éminentes qualité scéniques et des beaux vers qu'il renferme. Il ne faudrait pas oublier cependant que *Guillaume Tell* est le chef-d'œuvre de l'opéra français ; c'est faire peu de cas de nos gloires musicales que de les montrer ainsi, amoindries et dénaturées.

Rappelons, en terminant, que les auteurs du livret de *Guillaume Tell* ont droit de cité à Lille. Hippolyte Bis [1], né à Douai, habita notre ville pendant de longues années ; il était employé dans l'administration. Écrivain de talent, plein d'ardeur et de libéralisme, il publia dans l'*Écho du Nord* plusieurs articles qui, à la suite d'une violente polémique, attirèrent sur lui l'attention de l'autorité et nécessitèrent son changement ; il fut envoyé à Paris. Quant à son collaborateur, M. de Jouy, dont le vrai nom était Étienne, les hasards d'une vie aventureuse l'avaient, dans sa jeunesse, conduit un peu partout ; il était, vers l'an IV, commandant de la place de Lille.

---

[1] Bis était un ami de Talma, ils échangèrent de fréquentes lettres après l'affaire des chasseurs de la Vendée. (Voir *Talma dans le Nord*).

L'année théâtrale 1832-33

« Nous voici à l'année 1832, me dit un jour mon vieil ami. Cette date me rappelle un passé lointain déjà et dont le souvenir parfois pénible, m'est doux encore, car ce temps-là était celui de la jeunesse. On avait alors, pour « braver les coups du destin, » la santé, la folle insouciance, — armes bien émoussées aujourd'hui, hélas ! »

En 1832-33, les destinées du Théâtre de Lille étaient entre les mains de Brice et Huet, directeurs privilégiés.... et pas subventionnés du tout. Leur prospectus ne faisait aucune promesse et ne présageait rien de l'avenir, ils avaient le mérite d'être francs et peu exigeants. « Pas de subvention, s'écrient-ils, quand il faudrait quarante mille francs ! Que d'éléments de succès dans ce chiffre ! » Puis, après avoir comparé « l'océan dramatique » à une mer féconde en naufrages et semée d'écueils que le pilote le plus expérimenté ne parvient pas toujours à éviter, les directeurs croyaient cependant qu'avec du travail, l'appui de l'autorité, quelques marques de bienveillance publique surtout, une réduction dans le prix des places et dans les appointements de leurs artistes, ils pourraient encore obtenir des résultats satisfaisants ; enfin, tout en espérant remplir leurs engagements, ils promettaient peu... Ils tinrent beaucoup, et cette campagne qui s'ouvrait, sous un ciel bien chargé, bien noir, ne fut pas aussi mauvaise qu'on le craignait.

La troupe de Brice et Huet était surtout une troupe de drame et de comédie — comme nous n'en voyons plus depuis longtemps. Les noms de leurs pensionnaires ne sont pas tout-à-fait oubliés à Lille : Saint-Edme, Sevin, Baptiste et sa mère, M. et Mme Ricquier, M. et Mme Théodore, Mme Olivier, Mme Desquintaine-Brice. Tous ces artistes avaient des rôles annexes, c'est à dire qu'au besoin ils pouvaient aborder le répertoire lyrique. Huet, ancien sociétaire de l'Opéra-Comique, s'était réservé l'emploi des ténors Philippe et Gavaudan, ainsi que les rôles créés par lui ; Brice, celui des Martin, fort premiers ténors marqués et des traductions. Les chœurs étaient composés de 18 hommes et dames, et l'orchestre, sous la direction de Muller et d'un sous-chef, comptait 32 musiciens.

Avec ces éléments, le répertoire de l'année se composa comme suit :

Opéras-comiques : 19 ouvrages représentés — création : *le Mannequin de Bergame*, un acte de Fétis, qui n'a jamais été repris.

Tragédies, drames et comédies : 46 ouvrages représentés — 11 créations parmi lesquels *Richard d'Arlington, la Maison du docteur, le Mari de la veuve, la Tour de Nesle, les Jours gras sous Charles IX, une Fête sous Néron, Lucrèce Borgia.*

Comédies-vaudevilles et vaudevilles : 65 ouvrages représentés — 24 créations.

De nombreux artistes de passage apportèrent un sérieux appoint à la direction et lui furent d'un grand secours, de

6

plus le public, vu la rigueur des temps, montra beaucoup de bienveillance.

La saison d'été devait s'ouvrir le 4 juin, la misère était telle qu'on ne put atteindre cette date sans penser aux pauvres. Les 17 et 24 mai, deux représentations à leur bénéfice furent données. La première, par les sous-officiers du 8e de ligne, avec le concours de Mmes Léon, Théodore et Cécile Destieux [1] — la seconde, avec les mêmes artistes, par les sous-officiers et la musique du 5e de ligne; on joua quelques vaudevilles, *Cotillon III*, *la Prison militaire*, *Michel et Christine*, précédés d'ouvertures d'opéras.

On sait que les 5 et 6 juin des troubles graves eurent lieu à Paris, aux funérailles du général Lamarque; l'impression fut vive à Lille, où l'on connut les événements peu après l'ouverture de la saison — c'était un mauvais début.

En juillet, Mme Damoreau-Cinti chanta deux fois le *Concert à la Cour* et un mime anglais du théâtre de Dury-Lane, Kinschling, nous rendit *Jocko ou le Singe du Brésil*.

En août, Mme Damoreau revint, accompagnée de son mari, ils donnèrent quatre représentations

En septembre, pendant la Foire, visite de Bosco, le célèbre prestidigitateur.

En octobre, Mlle Duchesnois donna trois représentations; pendant le cours de ces représentations, le 5, on apprit la mort

---

1 Mlle Destieux épousa, plus tard, le malheureux Annet qui, après un mois de direction, se suicida sur un banc du cimetière de Douai.

de l'un des directeurs, Huet, décédé la veille à Paris. C'est en ce mois qu'on observa les derniers cas de choléra à Lille, il y sévissait depuis le mois de mai.

En décembre, la scène lilloise fut transformée en loge foraine; une ménagerie complète s'y était installée et dirigée par un dompteur, Henri Martin, elle l'occupa du 25 au 31. On joua *les Lions de Mysore*, pièce en trois actes et sept tableaux, où ces acteurs d'un genre peu commun tinrent leur rôle fort convenablement. « Au troisième tableau du premier acte, M. Martin se trouve endormi sar la lionne Fanny, disait le programme, il sauve ses enfants des attaques de deux énormes serpents boas et livre un combat aux Indiens avec un lion et une lionne. Dans le deuxième tableau du deuxième acte on verra apparaître, dans la chasse, des singes, des perroquets, le grand pélican blanc et le gangouros. Dans le deuxième tableau du troisième acte, M. Martin combattra dans l'arène la lionne Fanny. » La pièce était terminée par une marche triomphale « dans laquelle M. Martin paraîtra dans la cage avec la lionne vaincue. Leçon de docilité donnée au tigre royal (on saisit là une allusion politique) et au lion Néron, etc. » Martin et sa troupe de fauves eurent un honorable succès [1].

En janvier, Henri Monnier, le légendaire Joseph Prudhomme, alors premier comique au Vaudeville, avait commencé une série de représentations que l'arrivée de Louis-Philippe et de la famille royale interrompit pendant quinze jours, arrêt

---

[1] Martin a laissé des *Mémoires* et publié, à la suite, son théâtre, qui contient quelques pièces dans le genre des *Lions de Mysore*.

nécessité par le nettoyage de la salle qui était dans un état lamentable.

En février, Mlle Verneuil, pensionnaire du Théâtre-Français, donna une représentation et Ligier, dix. Le même mois, du 17 au 26, Delacroix, premier sujet du théâtre de Lyon, joua deux fois *la Tour de Nesle* et trois fois *Antony*.

Nous voici au carnaval, ce mémorable carnaval de 1833 où la politique eut libre jeu. Les vieux Lillois survivants n'ont pas oublié la déplorable exhibition, qu'un de nos concitoyens ne rougit pas de donner, sous un accoutrement grotesque : la vie intime d'une femme, malheureuse et captive, la duchesse de Berry, comtesse Lucchesi, fut publiquement étalée sur un char de masques, aux refrains d'une chanson ordurière. Cette chanson passa au théâtre après avoir roulé dans la rue : l'affiche du 1er avril (ce n'était pas un poisson), annonçait qu'entre deux pièces « M. Ricquier que son long séjour parmi nous a mis à même de parler parfaitement le patois lillois » chantera la fameuse chanson *Libedo* de la mi-carême, mise en musique, avec accompagnement de grand orchestre, par un amateur de la ville.

A-t-elle assez rabattu nos oreilles, cette chanson, avec son sempiternel refrain: « Libedo, libedo, libedo, tonti, tontaine! » Partout on l'entendait, sifflée dans les rues, chantée dans les cabarets; elle franchit même le seuil de nos demeures, et, pendant longtemps, fut l'*ultima ratio* des mamans lilloises pour endormir leurs bébés, avant l'intervention de la « canchon dormoire du p'tit quinquin » par notre ami Desrousseaux.

Mais revenons au Théâtre; le lendemain de cette solennité artistique et pour la compléter, Field, l'auteur des fameux concertos et nocturnes que tous les pianistes connaissent, vint, accompagné de son fils et d'un élève du Conservatoire, premier ténor du théâtre de Gand, donner un concert suivi d'un opéra, *Maison à vendre*. Ce jeune chanteur n'était autre que Valgalier, à qui l'avenir réservait de grands succès et l'entrée à l'Académie de musique; Valgalier fit, douze ans plus tard, partie de la troupe du théâtre de Lille où il créa le Dauphin dans *Charles VI* et Gérard dans la *Reine de Chypre*.

L'année théâtrale était arrivée à son terme, elle finissait le 20, Brice ne tint pas à la conserver un jour de plus. La famille Casorti, danseurs italiens, mimes et funambules, qui représentait des ballets-pantomimes, genre tombé aujourd'hui dans le domaine des saltimbanques et, bon tout au plus, à divertir les enfants et leurs bonnes, avait commencé une série de représentations la veille de la clôture. Les artistes se réunirent en société pour continuer jusqu'à la fin du mois; il y avait là quelques recettes et cela n'était pas à dédaigner.

Première représentation du PRÉ-AUX-CLERCS

31 octobre 1833.

(DIRECTION CARUEL)

Deux ouvrages, le *Pré-aux-Clercs* et *Robert-le-Diable*, devaient rendre l'année théâtrale 1833-34 particulièrement remarquable.

La troupe de Caruel était très bien composée ; la distribution du chef-d'œuvre d'Hérold fut confiée à des artistes de talent, consciencieux et sûrs d'eux-mêmes.

Le *Pré-aux-Clercs* avait été mis à l'étude dès le commencement de la saison et la première représentation en était vivement attendue. Aussi, le soir du 31 octobre, la salle était-elle comble : l'ouverture fut enlevée avec une vigueur et un ensemble qui étonnèrent tout le monde, l'orchestre avait accompli en quelques mois, sous la direction de Muller, des progrès très sensibles.

Au premier acte, le gracieux duo de Giraud et de Nicette, l'air d'entrée de Mergy, la romance d'Isabelle, devenue si populaire furent couverts d'applaudissements. L'air du second acte précédé du solo de violon, que Muller exécuta avec brio, amenèrent une longue ovation ; les chœurs, le trio, toutes les merveilles enfin de cette admirable et immortelle partition, furent salués par les bravos de toute la salle.

Thiany (Mergy) ne possédait qu'un filet de voix ; mais quel chanteur ! Mme Marneffe (Isabelle) chanta dans la perfection et souleva à plusieurs reprises un véritable enthousiasme, surtout après l'air d'entrée du second acte.

De l'avis général, le rôle de Giraud aurait dû être confié à Lesbros, le timbre de voix de Riquier se pliait difficilement à la musique d'Hérold. Riquier, laruette et premier comique, assez pauvre chanteur, était un comédien hors ligne ; il l'avait prouvé, du reste, en interprétant en maître le constable des *Deux Nuits* et en jouant, en artiste consommé, plusieurs autres rôle, d'une façon inimitable : *Michel Perrin, la Fille de l'Avare*, etc.

Rien à dire d'Heuzet (Comminges), ni de Prudhomme (Cantarelli) qui tinrent convenablement leurs rôles.

A la seconde représentation, sous les traits de la gentille Nicette, débutait une jeune artiste de 18 ans, qui devait occuper le premier rang parmi les grandes cantatrices de l'époque ; c'était Mlle Héloïse Stolz. Appelée tour à tour Rose Niva, Victorine Loeb, Mme Ternaux, Héloïse ou Rosine Stolz avait débuté l'année précédente dans les chœurs au Théâtre royal de la Monnaie, à Bruxelles ; quatre ans après son passage à Lille, le 25 août 1837, elle débutait à l'Opéra dans Rachel de la *Juive*.

Si l'ensemble du *Pré-aux-Clercs* fut irréprochable, les

détails ne furent pas négligés. La mise en scène était très soignée et les costumes d'une exactitude qui satisfaisait les archéologues les plus exigeants, ceux de Thiany surtout étaient d'une beauté remarquable ; Mme Léon [1] portait royalement la robe brodée d'or de Marguerite de Navarre, elle était éblouissante de diamants et de pierreries. L'entrée de ces deux artistes fit sensation.

Le *Pré-aux-Clercs* reparut près de vingt fois sur l'affiche jusqu'à la fin de l'année, sans que le chiffre de la recette s'en ressentît ; il ne céda la place qu'à *Robert*.

—

En 1837, Mme Dorus-Gras et Paulin, l'élève et le frère de lait de Nourrit, vinrent chanter les rôles d'Isabelle et de Mergy.

———

1 Mme Léon devint, dans la suite, la belle-mère de M. Victorien Sardou.

Première représentation de ROBERT-LE-DIABLE

4 mars 1834.

(Direction Caruel)

___

Cette œuvre gigantesque, qui ouvrit à l'opéra français un horizon nouveau, cette partition impérissable qui restera la gloire de l'époque à laquelle elle parut et fera l'admiration de la postérité, fut représentée pour la première fois à Lille sous la direction Caruel.

Créé à Paris, le 21 novembre 1831, par Nourrit, Levasseur, Lafont, Mᵐᵉˢ Dorus-Gras et Damoreau-Cinti, le chef-d'œuvre de Meyerbeer n'était pas tout à fait inconnu à Lille, nos amateurs en avaient entendu les morceaux les plus célèbres dans les salons et dans les concerts.

Le prospectus de 1833-34 annonça la première représentation de *Robert-le-Diable* comme devant suivre immédiatement l'ouverture de la saison ; mais des difficultés avec l'orchestre, des débuts interminables la reculèrent à l'expiration de l'année théâtrale. La distribution en fut difficile ; le rôle de Robert, — fait unique peut-être dans les annales du théâtre — fut confié à un baryton, ce même Lesbros que nous verrons plus tard créer *Charles VI* à Lille ; celui de Bertram revenait de droit à Roulle, la première basse. Le ténor léger, Thiany, chanta Raimbaut, la forte chanteuse M⁼ Léon, Alice, et la première chanteuse, M⁼ Marneffe, Isabelle.

Il faudrait énumérer les uns après les autres tous les morceaux de ce bel ouvrage, pour citer ceux qui furent les plus remarqués.

Au premier acte, la ballade, la romance d'Alice et la sicilienne, furent accueillis par des applaudissements frénétiques, — et il n'y avait pas de claque. Au second, la cavatine d'Isabelle fut un succès pour M⁼ Marneffe dont la voix fraîche et pure détailla avec un goût exquis cette brillante composition.

Le troisième acte est celui qui causa le plus vif enthousiasme : la valse infernale, les couplets d'Alice, le duo avec Bertram, autant d'ovations pour les chanteurs. Mais le duo bouffe était ce qu'on est venu d'appeler aujourd'hui le *clou* de la pièce ; il était bissé à chaque représentation.

Roulle et M⁼ Léon étaient admirables dans ce troisième acte : M⁼ Léon était sur son terrain, elle mettait beaucoup d'expression dans son chant et son jeu était dramatique. Roulle avait beaucoup travaillé le rôle de Bertram, qui l'avait transformé aux yeux du public lillois, et placé, du coup, au premier rang. Cet artiste ne fut réellement apprécié à sa juste valeur qu'à partir des représentations de *Robert-le-Diable*. Le trio sans accompagnement fut chanté avec une très grande justesse, et la fameuse phrase : « Des chevaliers de ma patrie », l'écueil, le tombeau des ténors, fut vigoureusement enlevée par Lesbros. Ce célèbre duo, entre Bertram et Robert, qui termine la première partie du troisième acte, a subi, dans la suite, d'étranges mutilations ; la plupart des ténors l'ont approprié à leurs moyens vocaux sans se soucier de ce que le compositeur avait écrit.

Au changement à vue de ce troisième acte, un murmure d'admiration partit de tous les côtés de la salle, lorsque parut le magnifique décor des ruines de l'abbaye, dû à la brosse de Ciceri et de Deplechin, son élève et notre concitoyen. Après la magistrale évocation, le défilé des nonnes commença au milieu du plus profond silence ; les différents pas du ballet permirent d'apprécier la grâce et la souplesse d'une jeune danseuse, Mlle Simon, dugazon dans la troupe, qui n'avait pas craint d'aborder ce rôle d'Héléna, créé par Mme Taglioni.

« L'air de grâce » rendu avec sentiment par Mme Marneffe, le chœur des moines et l'admirable trio du quatrième acte, terminèrent, au milieu des bravos et des rappels, cette brillante soirée du 4 mars 1834, qui fut un événement musical pour notre région.

Les chœurs furent très convenablement exécutés, les seigneurs, compagnons de jeu et de plaisir du duc de Normandie, furent corrects et ne manquèrent pas une seule des célèbres répliques du premier acte [1].

L'orchestre avait été augmenté d'un certain nombre d'ins-

---

[1] On « attrapa » seulement en passant le choriste Tabari, crieur au Bureau des vente, à cause du pur accent lillois avec lequel il lança l'apostrophe : « A vous les dés ! » dans la scène de jeu.

truments en cuivre ; on avait fait une emprise sur les fauteuils de parquet, pour fournir la place nécessaire. L'exécution, sous la direction de Muller, fut irréprochable. Cet excellent chef d'orchestre, aussi habile que modeste, n'épargna ni les soins ni la peine pour arriver à un résultat qui lui fit le plus grand honneur.

Le machiniste en chef, Fromagier, un type et une célébrité du Théâtre de Lille, commandait son équipe comme un capitaine de vaisseau à son bord ; tout marcha comme sur des roulettes. Pas un changement à vue, pas un jeu de trappe ne rata ; les éclairs, les feux follets et les flammes de l'enfer jetèrent leurs lueurs fulgurantes sans accident.

Le succès de *Robert-le-Diable* fut immense ; quinze représentations furent données, du 4 mars au 20 avril, jour de la clôture ; le nombre d'étrangers, qui vinrent des villes avoisinantes et de toute la région pour y assister, fut considérable.

Mme Marie DORVAL

(1835, 1847)

On peut considérer Mme Dorval comme la créatrice du drame moderne, où elle atteignit le suprême degré de la perfection.

Celle qui, plus tard, devait interpréter d'original des œuvres telles qu'*Hernani*, *Antony*, *Chatterton*, *Angelo*, *Marie Jeanne*, celle qui devait émouvoir tant de cœurs, faire couler tant de larmes, entra fort jeune dans la carrière. Enfant de la balle, fille d'un soldat vendéen (Delaunay), que les circonstances politiques avaient fait comédien, la petite Bourdais, comme on l'appelait alors du nom maternel, chantait les troisièmes dugazons et jouait les ingénuités, vers 1812, sur le Théâtre de Lille où sa mère, sa tante et ses oncles passèrent successivement [1]. Elle épousa, à quinze ans, un acteur, dont elle devait illustrer le banal pseudonyme.

---

[1] On rencontre les Bourdais, à la fin du XVIIIe siècle, dans les états de troupe et les comptes du Théâtre; en 1791, Mlle Bourdais créa le rôle de Sophie, dans le *Jean Calas* de Laya. Voir aussi plus loin, page 73.

Mme Dorval fit, à douze années d'intervalle, deux séjours à Lille, en 1835 et en 1847.

Le 24 juillet 1835, elle joua *Clotilde* ; le 26, *Antony* ; le 30 et le 2 août, *Chatterton*.

Dans *Clotilde*, — drame hardi, quelque peu déclamatoire et bien oublié aujourd'hui, où la femme jalouse va jusqu'à dénoncer son amant, pour l'enlever à sa rivale et s'empoisonner avec lui, — elle montrait dans ce rôle, créé par Mlle Mars, toutes les agitations d'une âme torturée. — Dans *Antony*, pathétique au delà de toute expression, elle faisait ressortir, sous les traits d'Adèle Hervey, les côtés poignants d'un amour criminel, irrésistible. — Enfin, dans *Chatterton* d'Alfred de Vigny, Mme Dorval montrait la souplesse de son talent. Quelle charmante création que Ketty Bell ; c'était la jeune femme simple, douce, calme, honnête et bonne qui aime sans s'en douter. Ce drame d'une pureté de style rare, écrit par un poète, par un rêveur, était une œuvre littéraire de premier ordre ; il ne contenait que deux ou trois scènes à effet, et c'était Mme Dorval qui les faisait. Lorsque Ketty descend l'escalier de la chambre où vient de s'empoisonner Chatterton, elle poussait un tel cri qu'on en était atterré, un silence de mort régnait dans la salle, puis elle se laissait rapidement glisser le long de la rampe, sans toucher une marche, et tombait mourante sur le plancher. Cette scène effrayante produisait un effet indescriptible.

La première représentation de *Chatterton* à Lille eut lieu le 30 juillet 1835, jour où fut officiellement connu l'attentat de Fieschi ; l'inquiétude et l'agitation étaient grandes, il y avait, malgré cela, beaucoup de monde.

En 1847, accompagnée d'une troupe qui comprenait René Luguet, du Palais Royal, son gendre, Mme Dorval donna :

le 8 août, *Marie Jeanne*,
9 » *la Comtesse d'Altenberg*,
12 » *Clotilde*,
15 » *le Proscrit*.

Marie Jeanne ou la Femme du peuple, ce bon vieux drame, qui a le don d'émouvoir les cœurs, même quand il est joué par des médiocrités, *Marie Jeanne* avait été étudiée par Mme Dorval comme une œuvre classique, elle y faisait couler un torrent de larmes. Interprète fidèle de ce sentiment sacré et irrésistible, l'amour maternel, Mme Dorval ne devait-elle pas, deux ans après, en 1849, mourir de douleur près du berceau vide d'un enfant adoré [1]? Il suffit de rappeler qu'à la première représentation de *Marie Jeanne*, Frédérick Lemaître, à la fin de la soirée, voulant féliciter sa digne camarade, ne trouva pas un mot pour exprimer son admiration ; les deux grands artistes tombèrent, en pleurant, dans les bras l'un de l'autre.

Au physique, Mme Dorval était chétive, de taille moyenne, elle avait l'air fatigué ; ses yeux d'un bleu pâle, surmontés de sourcils à peine indiqués, n'avaient aucune expression ; ses mains étaient fluettes, sa voix incertaine et trouble Eh bien, avec ce peu d'avantages, elle n'avait qu'à entrer en scène, à prononcer quelques mots, au bout de cinq minutes, la salle

---

1 Son petit-fils, l'enfant de René Luguet.

était à elle : « un regard inquiet, une main portée au front, un ou deux soupirs comprimés avaient suffi pour cela », a dit quelque part Théophile Gauthier. Comment se métamorphosait-elle au point d'être physiquement méconnaissable ? Par quels moyens cette voix incertaine faisait-elle sangloter l'homme le plus rebelle aux émotions dramatiques ?

Dorval l'a dit elle-même : « Les autres femmes donnent leur talent, moi, je donne ma vie. »

Première représentation du CHEVAL DE BRONZE

12 novembre 1835.

(Direction Caruel)

———

Le vif succès que venait d'obtenir à Paris, l'œuvre si originale d'Auber, engagea Caruel à monter le *Cheval de bronze* dans les premiers mois de l'année théàtrale. Le nouveau directeur montrait, du reste, une activité peu commune ; après avoir traversé heureusement la période des débuts, sa troupe, bien homogène, était demeurée intacte. Il avait monté, pendant les cinq premiers mois, une trentaine d'opéras du répertoire ; il avait profité de la saison d'été pour organiser un corps de ballet qui allait lui permettre d'aborder tous les genres, enfin, au mois de septembre, il engagea Dérivis père, l'excellente basse de l'Académie de musique ; c'était une heureuse acquisition.

Depuis longtemps nous n'avions eu un directeur qui se dépensàt à un tel point pour relever le niveau artistique de la scène lilloise.

8

Le public était nombreux, le 12 novembre, et toutes les places étaient occupées bien avant le lever du rideau ; on jugea, ce soir-là, de la nécessité urgente, absolue, d'un agrandissement prochain, car une partie des spectateurs dut se tenir debout, et on fut obligé de refuser du monde.

L'ouverture, dont l'exécution ne laissa rien à désirer, fut d'un heureux présage.

Mᵐᵉ Lemoule (Tao-Jin) fut accueillie par des bravos frénétiques, le grand air du premier acte, le duo bouffe avec Rasson (Tsing-Tsing) lui valut de véritables ovations.

Tiste chanta avec goût et remplit avec distinction le rôle du prince Yang ; son costume — grosse affaire en ce temps-là — était resplendissant.

Dérivis, le fermier Tchin-Kao, fut d'un comique achevé ; il interpréta d'une façon magistrale l'air du second acte.

Le rôle de la gentille Peki, étudié par Mˡˡᵉ Dubourjal, dut être confié, par suite d'un accident, à la seconde dugazon, Mᵐᵉ Masson, qui s'en acquitta à la satisfaction générale.

Yanko fut convenablement tenu par René, seule Mˡˡᵉ Schnetz fut en dessous de sa tâche, dans le rôle de Stella.

Rousset, le maître de danse, avait organisé un petit ballet très original, fort applaudi, exécuté par de jeunes danseurs, dont un des survivants, sera bien étonné de voir rappeler ici ses succès d'il y a cinquante ans.

Deux nouveaux décors avaient été peints pour le *Cheval de bronze* : la pagode du premier acte, par Fromagier, machiniste en chef, et la toile de fond du troisième acte, l'intérieur du temple, avec ses magots et ses idoles, par Ciceri.

La direction avait fait des frais importants de mise en scène, de costumes et d'accessoires.

Le succès du *Cheval de bronze* fut des plus grands ; l'originalité du sujet, le caractère féerique de la pièce, que faisaient encore ressortir la richesse de la mélodie et de l'instrumentation, firent de cette création la principale de l'année.

Il est regrettable que les reprises de ce charmant ouvrage aient été si rares.

Première représentation de L'ÉCLAIR

1ᵉʳ septembre 1836.

(DIRECTION CARUEL)

———

Dans l'ordre des productions du maître, *l'Éclair* est de la même année que *la Juive*. C'est également dans le courant de la même campagne théâtrale que parurent sur notre scène ces deux œuvres si différentes d'Halévy.

L'excellente troupe de Caruel, qui desservait notre scène en 1836-37, enrichit le répertoire de huit œuvres nouvelles, et nous donna, dans l'espace de quelques mois, *la Juive* et *les Huguenots*, *l'Éclair*, *les Deux Reines*, *Cosimo*, *Alerte*, *Micheline* et *le Postillon* ; ces diverses créations ont été des succès.

Que dire de *l'Éclair*, ce petit chef-d'œuvre de mélodie pure, qui décèle au plus haut point la souplesse de talent du compositeur et son originalité ? Avons-nous vu, depuis, se renouveler pareil tour de force : produire à peu de distance l'un de l'autre, un grand-opéra en cinq actes, d'une puissance et d'une richesse d'orchestration merveilleuse comme *la Juive*, et un opéra-comique en trois actes, sans chœurs, dont l'exécution est confiée à quatre voix de même timbre et de même tablature (deux ténors et deux sopranos) comme *l'Eclair?*

Mme Lemoule fut charmante dans le rôle mélancolique et doux d'Henriette ; Mme Schnetz rendit très heureusement le caractère insouciant et gai de Mme d'Arbel. Leur duo du premier acte fut, entre autres, chaleureusement applaudi.

Lapique chantait Lionel ; cet artiste était victime des sévérités du public, qui ne lui passait rien. C'était cependant un talent sérieux, plutôt un demi-caractère qu'un fort ténor, — voix pointue et un peu sèche — mais chanteur exercé, capable, comme nous le vîmes du reste, d'interpréter successivement deux rôles écrits l'un pour Chollet, l'autre pour Nourrit. L'admirable romance du troisième acte, qu'on ne peut entendre sans émotion, lui valut un accueil mérité rachetant les petites avanies dont on le gratifiait depuis l'ouverture.

Paulin joua, d'une façon fort amusante, Georges, le philosophe d'Oxford ; il rendit avec goût et un véritable sentiment les charmantes pages de son rôle.

Le succès de *l'Eclair* fut très grand, et le nombre de représentations s'éleva à douze, chiffre fort respectable pour une année aussi bien remplie que celle-là.

—

La partition d'Halévy exige une homogénéité de voix et de talents fort rares à rencontrer dans une troupe de province. Aussi les reprises de cet ouvrage ont-elles été peu fréquentes : de 1840 à 1852, suspension complète. Depuis cette date jusqu'aujourd'hui, six reprises seulement, c'est peu ; la dernière est de 1876.

Première représentation de LA JUIVE

15 décembre 1836.

(Direction Caruel)

———

Ce fut un événement musical qui eut un grand retentissement à Lille et dans toute la région. On se passionnait en matière d'art, à cette époque, et la lutte entre romantiques et classiques était fort vive encore.

Pour les uns, la partition d'Halévy marquait une nouvelle phase de la manière du maître, qui, dans ses précédents ouvrages, ne faisait aucunement pressentir une semblable puissance de génie. Pour les autres, le luxe, la magnificence et l'exactitude de la mise en scène renversait toutes les traditions et révolutionnait les idées en cours jusqu'alors [1]. Comme pour répondre à ses détracteurs qui soutenaient qu'un opéra d'Halévy ne pouvait réussir sans une mise en scène fastueuse

———

[1] Des puristes, comme Castil-Blaze, allèrent jusqu'à qualifier la *Juive* d'*opéra Franconi*.

et prouver la souplesse de son talent, le maître donna à l'Opéra-Comique, dix mois après *la Juive*, la partition de *l'Éclair*.

Représentée pour la première fois à l'Académie de musique le 23 février 1835, *la Juive* fut créée à Paris par des artistes dont le nom restera attaché à l'œuvre elle-même. C'était Nourrit, notre grand chanteur français, et avec lui Levasseur, Lafont, Mmes Falcon et Dorus-Gras, réunion unique dans nos fastes artistiques.

Ceux qui ont assisté à la soirée du 15 décembre 1836 à Lille se rappelleront, en lisant ces lignes, la cohue qui se produisit à l'ouverture des bureaux et l'aspect de la salle envahie par la foule.

Dès le lever du rideau, le décor de Cicéri, la place publique avec son massif de maisons gothiques, fit naître une rumeur d'admiration. Le chœur des buveurs fut applaudi à tout rompre; quant au cortège, ce défilé d'hommes et de chevaux, ce déploiement inusité de mise en scène, la richesse et l'éclat des costumes, ce final enfin, tout cela porta l'enthousiasme au suprême degré. C'était du délire, et peu s'en fallut qu'on exigeât le *bis*.

Le second acte ne fut qu'un long applaudissement; la chanteuse, Mlle Lemoule, et Paulin, le second ténor, furent acclamés trois fois après le duo entre Rachel et Léopold.

Au troisième acte se produisit un incident qui troubla un peu cette belle soirée, mais qui eut son côté comique : un certain nombre de spectateurs, en suivant la pièce sur un livret imprimé, s'aperçut de quelques suppressions. Aussitôt on réclama à haute voix, on cria même à la mutilation. La représentation fut interrompue. Le régisseur appelé, après s'être fait longtemps attendre, vint dire au public que ces suppressions avaient été indiquées par l'auteur lui-même, et comme argument, il prit la partition sur le pupitre du chef d'orchestre et indiqua du doigt les passages écourtés. Les réclamants n'y virent absolument rien — pas plus au paradis qu'à l'orchestre, — mais ils acceptèrent de confiance, comme s'ils avaient eu la musique sous les yeux.

La représentation s'acheva comme elle avait commencé. Les jours suivants, on refusa des places. Des rixes avaient lieu chaque soir au contrôle et la police — composée alors de quelques *guets* inoffensifs — intervenait à tout propos, essayant de calmer les plus mécontents par des paroles d'espoir pour les représentations suivantes.

Le succès de *la Juive* dépassa toutes les prévisions ; l'interprétation était excellente Mlle Lemoule (Rachel) et Paulin (Léopold) furent les héros de la fête; tous deux montrèrent un talent supérieur de chanteur et de comédien. Mlle Lemoule joua le rôle en tragédienne ; Paulin, entraîné, y mit une passion égale. Mlle Schneltz (Eudoxie) se fit fort apprécier dans les duos des 2e et 4e actes.

Le rôle du cardinal Brogni était très convenablement tenu par Pamel, artiste consciencieux, possesseur d'une voix un peu faible, mais qui vocalisait avec facilité et chantait avec justesse, la peur paralysait souvent ses moyens et trahissait ses efforts. Un an ou deux après, le malheureux Pamel, s'imagina, après une audition chez un correspondant de Paris, qu'il allait perdre la voix. Rentré chez lui, dans l'hôtel garni où il était descendu, il fut saisi d'un accès de délire furieux, et poignarda sa femme et ses enfants.

Lapique (Eléazar) et Molinier (Ruggiero), sans être toutefois au-dessous de leur tâche, furent les plus faibles dans l'interprétation de *la Juive*. Le premier, indisposé pendant le cours des répétitions, n'avait pu les suivre toutes. Ce Lapique était un original qui, craignant pour son organe vocal, son « diamant », les effets de la brume du Nord, se rendait au Théâtre en vinaigrette, enveloppé de fourrures et une chaufferette sous les pieds.

Les chœurs marchèrent parfaitement avec un ensemble et une sûreté d'intonation rares. L'orchestre mérita des éloges pour sa belle exécution ; la ritournelle des deux hautbois au 4e acte fut fort applaudie. Masse, le chef d'orchestre, à qui revient l'honneur d'avoir conduit pour la première fois sur la scène lilloise cette magnifique partition de *la Juive*, déploya toute sa science musicale au courant des répétitions. Le metteur en scène, Bertin, fut complimenté par la presse et recueillit dans les applaudissements du public la juste récompense de ses efforts.

—

Trois mois après, Nourrit venait à Lille et dans une série de quatre représentations, du 20 au 29 avril 1837, il chantait deux fois *la Juive;* son succès fut immense et l'enthousiasme indescriptible, à toutes les représentations rappel et couronnes. Le prix des places avait été doublé.

Première représentation du POSTILLON DE LONJUMEAU

16 février 1837.

(Direction Caruel)

————

La partition d'Adolphe Adam succéda à la *Juive*, et précéda les *Huguenots*; ce fut un agréable hors-d'œuvre. Les interprètes de Meyerbeer et d'Halévy ne crurent pas déroger en abordant cette musique facile et légère; aussi succès très franc et chambrée complète.

Molinier chanta le rôle de Chapelou avec un goût et une délicatesse rares; sa prononciation était malheureusement relevée d'un *assent* méridional, qui nuisait à la clarté du livret. Bardou, l'excellent acteur, si soigneux, si exact, toujours en scène et à son jeu, ce comique d'une gaîté si franche et si vraie, joua d'une façon supérieure le rôle du forgeron Biju. Aubin était un parfait marquis de Corcy. Mlle Lemoule, chanteuse et comédienne accomplie, joua Madeleine avec une grâce charmante.

Depuis un demi-siècle, le *Postillon de Lonjumeau* a reparu bien souvent sur la scène lilloise, mais jamais il n'a rencontré de pareils interprètes ; on peut affirmer qu'à Paris les rôles n'ont pas été confiés à des artistes plus consciencieux, d'un talent plus complet que ceux de la troupe de Caruel.

Dix représentations furent données en deux mois ; c'est dire l'accueil fait à la jolie partition d'Adam.

Première représentation des HUGUENOTS

4 avril 1837.

(Direction Caruel)

———

Dans la même saison où il avait monté *la Juive*, Caruel fit connaître *les Huguenots*, qui avaient eu pour créateurs, à Paris, à l'Académie de musique, le 29 février 1836, Nourrit, Levasseur, Mmes Falcon et Dorus-Gras.

L'affiche du Théâtre de Lille annonça le 4 avril 1837 la première représentation du nouvel opéra de Meyerbeer. La répétition générale en avait été donnée le 1er avril; un certain nombre d'abonnés et d'amateurs avaient pu y assister moyennant un droit d'entrée fixé à un franc.

Fait digne de remarque et qui ne s'était pas produit pour *Robert-le-Diable*, on critiqua la facture de certains morceaux: le « pif! paf » sembla dépasser les bornes de l'originalité; la cavatine du page fut jugée comme un hors-d'œuvre sans grand caractère, des réminiscences d'anciens opéras furent mises à

jour — bien subtilement, peut-être : le motif principal de cette
même cavatine était rapproché d'un passage du duo du *Solitaire*,
de Carafa, et l'aubade du troisième acte comparée à un chœur
de *Fiorella*, d'Auber. De plus, l'air de Marguerite, au deuxième
acte, écrit pour mettre en relief l'étonnante virtuosité de
Mme Dorus, était peu abordable pour une chanteuse de
province.

Cependant l'accueil fait aux *Huguenots* fut des plus brillants.

Le rôle de Raoul avait été confié à Paulin, second ténor « des
premiers au besoin, » c'était une charge écrasante ; il en sortit
cependant à son honneur, et le public lui prouva qu'il lui tenait
compte de ses efforts. Paulin, on se le rappelle, était le frère
de lait de Nourrit.

Pamel chantait Marcel. Il avait bien compris son rôle de
vieux soudard ; le choral et la chanson huguenote laissèrent le
public un peu froid, mais le duo du troisième acte et surtout le
trio du cinquième, accompagné sur la clarinette-basse, par
Brun-Lavainne, lui attirèrent les démonstrations sympathiques
de l'auditoire.

Le rôle de Valentine était dignement interprété par
Mlle Lemoule, elle joua en tragédienne tout le quatrième acte.
Cette excellente artiste y mit tant de vraie passion et d'élan
irrésistible, qu'elle entraîna Paulin et le mit à son niveau. Aussi
quel rappel et quel tonnerre d'applaudissements, après cet acte
admirable !

Molinier, le baryton, se tira heureusement du rôle de Saint-
Bris, et dit avec talent la scène de la conjuration. Mme Schnetz
avait une lourde tâche sous les riches atours de Marguerite,
elle en sortit néanmoins sans grand dommage.

Les chœurs des trois premiers actes, la bénédiction des poignards furent rendus avec justesse et ensemble. Masse dut faire preuve d'une grande patience pour arriver à ce résultat ; les choristes étaient renforcés d'autres artistes de la troupe. L'orchestre, comme à la première de *la Juive*, fut irréprochable et mérita les plus grands éloges.

En somme, *les Huguenots*, quoique montés un peu à la hâte, eurent beaucoup de succès ; joués pendant le dernier mois de l'exploitation, ils eurent sept représentations   La dernière fut donnée par Nourrit le 25 avril ; on a conservé longtemps à Lille le souvenir de cette soirée. Mlle Lemoule, de l'aveu de tous, ne le cédait en rien à Mlle Falcon, et cette immortelle page du quatrième acte, ce duo d'amour, dans lequel jamais aucun chanteur, aucun comédien n'atteignit le talent de Nourrit, amena une interminable ovation et des bravos à faire crouler la salle. C'était du délire, le public était dans un état de surexcitation sans exemple.

Première représentation du DOMINO NOIR

17 avril 1838.

(Direction Caruel)

La quatrième année directoriale de Caruel ne devait le céder en rien aux précédentes pour le nombre de créations nouvelles et les reprises importantes du répertoire. Mais, hélas ! cette année devait finir bien mal pour lui.

Il en avait eu le pressentiment dès l'ouverture ; en adressant au public le prospectus de la saison théâtrale, il se plaignait que sa tâche était devenue difficile et son entreprise plus chanceuse. « Les dépenses, disait-il, augmentent progressivement, les appointements des artistes, de l'orchestre et des chœurs, les frais de costumes et de décoration sont plus que doublés depuis quelques années...., il faudrait au directeur une salle plus vaste et un subside. »

Jusqu'alors Caruel avait largement fait les choses ; il avait réussi à relever le niveau artistique de notre scène, il ne se doutait pas des sacrifices qu'il devait s'imposer pour le maintenir. Il fit quelques économies dans ses engagements d'artistes pour l'année 1838-39, mais il n'hésita pas devant une dépense de 12,000 francs pour un ballet, qu'il considérait comme un « accessoire indispensable. »

Les débuts de la troupe furent très tourmentés, les recettes ne produisirent pas ce qu'on attendait. L'hostilité d'une partie du public envers quelques artistes amenait, par suite de l'abus des billets jetés sur la scène, de véritables émeutes dans la salle. Cette coutume d'un autre âge a heureusement disparu : un billet, lancé sur le théâtre par une main anonyme, devait être ramassé par l'artiste en scène, lu publiquement et à haute voix. On devine quel champ était ouvert aux petites infamies dont le monde des coulisses est en butte aussi bien de la part du public que des bons camarades.

Au moment de la création du *Domino noir*, l'année théâtrale touchait à sa fin, et la direction agonisait. Caruel était véritablement aux abois.

Sévin, à qui était échu le rôle de lord Elfort, venait d'être l'objet d'une manifestation très vive occasionnée par quelques gros mots lâchés en scène. Le « parterre debout » avait pris, un beau soir, l'artiste sous sa protection, et pour faire entendre raison aux siffleurs, il était tombé à coups de poings sur le « parterre assis ». On était très mal disposé pour Sévin ; aussi pour ne point compromettre la soirée, cet acteur consentit à faire des excuses avant le lever du rideau. Fait digne de remarque et qui prouve que les rancunes du public lillois ne sont pas éternelles, Sévin resta à Lille plusieurs années, il finit par y être très aimé.

L'ouverture, lestement enlevée par l'orchestre, valut à Bénard, le nouveau chef, une très flatteuse ovation.

Les mélodies vives et légères de ce charmant ouvrage, la fraîcheur et la grâce répandues à profusion dans tous les morceaux de cette partition demeurée célèbre, ravirent les auditeurs. Richelme (Horace) était un chanteur de talent et de plus un excellent comédien ; il rendit avec beaucoup de sentiment la scène du couvent au troisième acte. Emon (Juliano), plein de distinction et d'élégance. Sévin fit bonne contenance sous le chapeau à plumes de coq de l'ambassadeur anglais, et Lavilliers (Gil-Pérez), dans ses couplets du *Deo gratias*, eut un succès.

Du côté des dames, Mme Marnelle chanta Angèle avec la perfection qu'elle apportait dans tous les rôles du répertoire ; elle avait près d'elle une charmante partenaire, Mlle Pauline (Brigitte). Mme Théodore, l'excellente mère duègne, le modèle du genre, était là dans son emploi, et dame Jacinthe ne fut pas mieux interprétée à Paris.

La tenue de tout ce monde était d'une élégance peu commune, les costumes du bal d'une grande fraîcheur. Les choristes eux-mêmes avaient fait peau neuve ; les frères Bourdais [1], entre autres, deux « utilités » bien connues des

---

[1] Les deux Bourdais étaient coryphées : l'aîné, Hippolyte, chanta plus tard les forts ténors dans les villes intermédiaires, le cadet, les seconds dans celles de premier ordre ; nous le revîmes plus tard, dans cet emploi, sous la direction Simon Lévy. C'est Hippolyte Bourdais qui s'essaya un soir, sur notre scène, dans le rôle d'Arnold de *Guillaume Tell*, et à qui un spectateur, humain et généreux, jeta une couronne de foin, histoire de rire et d'encourager un débutant.

habitués du théâtre, ne déparaient pas le salon du noble Juliano.

Le lendemain de la première représentation du *Domino noir*, le 18 avril, Caruel prit la fuite, abandonnant tout à ses pensionnaires qui choisirent Marneffe, le mari de la première chanteuse, comme administrateur, pour finir l'année et sauvegarder leurs intérêts dans la mesure du possible.

Première représentation de LUCIE DE LAMMERMOOR

28 novembre 1839

(Direction Dengremont)

———

Les débuts traînaient en longueur cette année-là, le directeur Dengremont n'en attendit pas la fin pour mettre *Lucie* en répétition.

Ce devait être le premier opéra nouveau de la saison ; et c'était bien une nouveauté, en effet, car la première représentation de cet ouvrage, en français, avait eu lieu au Théâtre de la Renaissance, à Paris, le 10 août 1839 [1]. Trois mois et demi après, le 28 novembre, le chef-d'œuvre de Donizetti faisait son apparition à Lille.

———

[1] Ce n'est qu'en 1846, le 20 février, que *Lucie* passa à l'Académie de musique Duprez qui avait créé d'original Edgard à Naples, au théâtre San Carlo, en 1835, reprit ce rôle à l'Opéra. Baroilhet chanta Asthon et Mlle Nau, la mère d'une de los chanteuses, créa Lucie.

Cette première représentation ne fut pas irréprochable ; la troupe manquait encore de cohésion, le répertoire des artistes qui la composaient étant fort restreint. Nous possédions pourtant quelques bons chanteurs : le ténor Wimphen, la première chanteuse Mlle Klotz, que le Théâtre de Bruxelles nous enviait déjà, et le baryton Saint-Aubin, formaient un excellent trio auquel on pouvait confier sans crainte une partition comme celle de *Lucie de Lammermoor*. Ils en furent les créateurs sur notre scène.

Le chœur d'introduction, au premier acte, laissa à désirer ; Saint-Aubin (Asthon) chanta à pleine voix l'air : « d'un amour qui me brave » de manière à satisfaire le public qui, d'habitude, lui refusait ses faveurs. La scène de la fontaine fut convenablement rendue par Mlle Klotz (Lucie), mais cette artiste se montra supérieure dans le duo qui termine le premier acte. Sa voix forte et vibrante, son intelligence, un physique agréable et des manières pleines de distinction lui préparaient une brillante carrière. Cette jeune artiste n'avait pas plus de trois mois de théâtre à cette époque.

Au second acte, le public était déjà moins froid, le duo entre Asthon et Lucie fut fort applaudi, et l'admirable sextuor qui est resté le modèle du genre, exécuté avec un ensemble parfait, une précision et une justesse de tonalité irréprochables, souleva des bravos unanimes. Le succès s'affirmait à mesure que la soirée avançait.

Le troisième acte fut fort goûté, la scène du défi et le duo : « Soleil sur l'arène ! » valurent une ovation à Wimphen et à Saint-Aubin. La scène de folie fut dramatiquement interprétée par Mlle Klotz, qu'on rappela avec frénésie.

La grande scène des tombeaux au quatrième acte, l'air d'Edgard, ainsi que la cavatine : « O bel ange dont les ailes » qui termine d'une allure si légère, si italienne un opéra aussi lugubre, valurent à Wimphen rappels et applaudissements.

Les autres rôles avaient été convenablement tenus par Lemonnier, Coannet et Cornelis.

L'orchestre, dirigé par Bénard, marcha très bien, sauf un léger accroc dans l'introduction, accroc causé par l'absence trop prolongée d'un cor, qui dut être remplacé par un trombonne, détail sans importance.

Les artistes avaient fait quelques frais de costumes, mais la direction s'en était dispensée, aussi les chasseurs et les seigneurs écossais étaient-ils assez mal habillés. Quant à la mise en scène, elle était suffisante, quoique les grincheux aient trouvé qu'au quatrième acte, il fît noir, sur la scène, comme dans un four et que le son de la cloche ressemblât à celui d'une enclume.

Le succès de *Lucie de Lammermoor* fut incontestable dès le premier jour ; il en fut donné dix représentations pendant la saison théâtrale et c'est un des opéras qui restèrent immuablement en tête du répertoire.

—

Parmi les artistes de passage à Lille qui se sont fait entendre dans cet ouvrage, citons : Espinasse, en 1845 ; Mme Dorus-Gras, en 1846 ; Mme Hébert, en 1848 ; Mme Julian, en 1849 ; Mlle Duprez, la fille du grand chanteur, en 1852 ; Renard, en 1854 ; Mme Barbot, en 1856 ; Sapin et Raynal, en 1860 ; Mathieu, en 1862 ; et enfin Adelina Patti, en 1865. On se rappelle encore la série de représentations de cette cantatrice, pour lesquelles le prix des places était quadruplé et où l'artiste touchait 6.000 francs par cachet La recette de *Lucie* (12 mars) atteignit 14.000 francs. C'est à la suite de cette soirée qu'il se passa à l'hôtel de l'Europe un petit fait peu connu : l'orchestre du Théâtre s'y était rendu pour donner une sérénade, la Patti remercia les musiciens et glissa dans la main de Bénard un billet de banque, que celui-ci, tout confus, rendit à la généreuse prima donna.

Première représentation de LA FAVORITE

1er avril 1841.

(LES ARTISTES EN SOCIÉTÉ)

La Favorite fut le dernier mot de l'année théâtrale 1840-41 et la dernière création avant la fermeture de la salle, qu'on allait agrandir et restaurer.

Cheradame, qui avait cédé à la mauvaise pensée de prendre la direction du Théâtre de Lille, après avoir soldé le mois de février 1841 par un déficit de 14.000 francs, et vainement tenté d'obtenir un subside de la ville, s'était vu obligé de résilier. Ses pensionnaires donnèrent alors un bel exemple de sympathie et de désintéressement en le déchargeant des sommes qu'il leur devait et en le maintenant dans ses fonctions, aux mêmes émoluments qu'il s'était lui-même alloués jadis.

L'année avait été mauvaise sous tous les rapports, la troupe décimée par des débuts orageux, l'hiver long et rigoureux, pas ou peu de recettes, et par dessus le marché, une salle malpropre, obscure, incommode, dont les Lillois avaient oublié le chemin.

N'importe, *la Favorite* avait eu du succès à Paris où, depuis le 2 décembre 1840 elle tenait l'affiche à l'Opéra, avec Baroilhet, Duprez, Levasseur et Mlle Stoltz, on décida de monter *la Favorite* à Lille avant de fermer, pour un an, les portes du Théâtre.

Mieux eût valu attendre, mais on comptait sur l'attrait d'une nouveauté, sur le goût du public lillois pour cette belle musique de Donizetti, on espérait aussi quelques bonnes recettes ; bref, les artistes, dont les appointements étaient fort réduits, depuis l'accord intervenu avec le directeur, fondèrent sur *la Favorite* des espérances trop tôt déçues.

Salle presque vide à la première représentation.

Cependant l'exécution fut des plus satisfaisantes : Fieux (Alphonse) chanta admirablement le récitatif et l'air du second acte, Godinho (Fernand) mérita des éloges sans restriction, et Zelger remplit consciencieusement et avec dignité le rôle du moine Balthazar.

Mlle Ozy (Eléonore) semblait bien un peu fatiguée, car sa voix de soprano avait fort à faire dans ce rôle écrit pour un contralto, et si elle montra quelques faiblesses, elle les racheta par des accents passionnés.

Il y avait un ballet, modeste il est vrai, mais dans lequel deux jeunes danseuses, Mlles Cécile et Delestre firent de leur mieux. Les chœurs, meilleurs que d'habitude, et l'orchestre, conduit par Bénard, — le futur directeur qui devait faire la réouverture, — furent irréprochables.

On avait fait, imprudemment peut-être, des frais de costumes et de décoration : deux toiles neuves, dont une assez jolie au second acte, avaient été peintes par Gosset.

La Favorite n'eut que quatre représentations durant le dernier mois de l'année théâtrale.

On racheta cette indifférence dans la suite, et pendant dix années, les chanteurs qui se succédèrent sur notre scène, y trouvèrent un élément de succès. Parmi les artistes en représentation qui interprétèrent l'œuvre de Donizetti, nous avons entendu successivement : Mme Heinefetter en 1841, Poultier en 1845, Espinasse en 1846. Mlles Julienne et Widemann en 1849, Renard en 1854, Mme Alboni en 1856, Mlle Wertheimber en 1857, etc.

Première représentation de LA FILLE DU RÉGIMENT

3 novembre 1842.

(DIRECTION BÉNARD)

———

La troupe de Bénard possédait un noyau d'artistes qui tout en donnant une grande variété au répertoire, pouvait monter des œuvres nouvelles. *La Fille du régiment* fut la première en date aussitôt les débuts terminés.

La magnifique décoration de la salle avait le privilège d'attirer à elle seule des spectateurs, cet attrait joint à l'audition d'un ouvrage dont le succès avait été immense dès son apparition à Paris, amena au Théâtre, le soir de la première représentation de l'opéra de Donizetti, une foule nombreuse.

La Fille du régiment fut un triomphe pour Mme Hébert, dont la voix fraîche, pure comme le cristal, d'une étendue et d'une égalité parfaites, ravit tous les auditeurs. Elle mit dans son jeu un entrain charmant ; elle chanta avec un brio et un sentiment exquis : l'air du second acte fut salué par une triple salve d'applaudissements.

Deux ans après, Mme Hébert entrait à l'Opéra ; elle revint souvent à Lille, elle ne manqua jamais d'y donner *la Fille du régiment,* dans laquelle elle avait laissé des souvenirs de long-temps ineffacés.

Boulo, le second ténor, se montra, dans le rôle de Tonio, le digne partenaire de cette artiste incomparable, et mit beau-coup de chaleur dans son chant. Ce ténor possédait une très jolie voix de fausset qu'il employait avec bonheur dans les notes élevées.

Bardou créa de toutes pièces le rôle de Sulpice il en fit le type du vieux grognard ; cette création lui fit honneur. Un couplet d'une chanson patoise, alors en vogue, dépeignait en ces termes cet acteur favori du public :

> Faut mett' in premièr' line,
> Mais din l'vaud'ville seul'mint,
> Ch' grand diable qui rind s'mine
> Si cocass' par momint.
> Il a d's airs, in peut dire,
> Avec sin capon d'nez,
> Qui nous font teurtous rire
> A vint' déboutonné.

Hortensius « l'intendant calme et pacifique », était interprété par Armand Briel ; il y était d'un comique achevé.

Mme Saint-Ange remplit simplement et avec naturel, le rôle de la marquise.

L'orchestre et les chœurs marchèrent avec un ensemble dû à la vigueur de l'archet de Bénard ; on fit une ovation au cos-tume des grenadiers de la vieille garde qui était d'une exacti-tude parfaite.

Pendant trois mois, *la Fille du régiment* tint l'affiche le dimanche, en compagnie des *Mémoires du Diable*, un autre grand succès pour la troupe de comédie; on faisait salle comble.

Première représentation des DIAMANTS de la COURONNE

15 décembre 1842. .

(DIRECTION BÉNARD)

———

Une des plus agréables soirées de la première année directoriale de Bénard. La charmante partition d'Auber avait pour interprètes des artistes tels que l'aimable compositeur pouvait le désirer.

Mme Hébert fut remarquable ; elle déploya toute la richesse de son talent de virtuose ; elle se surpassa dans le second acte, à la scène du concert, par ses trilles et ses roulades d'une clarté et d'une délicatesse merveilleuses. Ce rôle de la Catarina, l'éminente cantatrice le possédait du reste au plus haut point ; elle l'avait interprété au Théâtre de l'Opéra-Comique, et elle y avait été fort remarquée. Aussi quelles ovations et combien fut fêtée notre prima donna !

Boulo, digne de tous éloges, fut fort applaudi ; l'air d'entrée de don Henrique lui valut un accueil chaleureux.

Bardou avait emprunté les traits du farouche Roboleddo. Aucun de ses successeurs n'a compris ce rôle comme lui : il n'avait pas l'air fatal d'un traître de mélodrame, c'était le véritable brigand d'opéra-comique, brave homme et bon enfant ; l'envie de rire, qu'il cachait mal sous ses allures brusques, se communiquait malgré tout aux spectateurs.

M\ulllle Olivier, un peu faible dans Diana, s'échauffa au contact du talent de M\ulllme Hébert, et l'émulation aidant, elle partagea les bravos qui suivirent le duo du second acte.

Tiste mit dans le personnage effacé de don Sébastien les soins qu'il apportait à ses rôles. Armand était un Campo-Mayor accompli ; il avait donné à ce ministre naïf et affairé une physionomie particulière bien amusante.

Les chœurs furent fort applaudis, surtout le défilé des faux moines au final du second acte. L'orchestre, excellent comme d'habitude, contribua beaucoup au succès de l'ouvrage.

Les Diamants ont eu un grand nombre de représentations et n'ont jamais quitté le répertoire. Bien des chanteuses y ont fait briller leurs qualités de vocalistes à l'acte du concert ; parmi celles qui ont interprété le rôle de la Catarina avec un talent transcendant, citons M\ulllme Anna Thillon, qui le joua trois fois à Lille, en 1849.

DÉJAZET

(1843, 1845, 1856, 1866)

En août 1843, Déjazet, qui avait rompu avec le Palais-Royal, fit son premier voyage à Lille. Du 5 au 15, elle donna sept représentations : *la Comtesse du Tonneau, la Fille de Dominique, Mlle Dangeville, la Fiole de Cagliostro, la Maîtresse de langues, les Premières Armes de Richelieu, le Capitaine Charlotte* et *le Vicomte de Létorières*. C'était pendant la saison d'été; le seul nom de Déjazet sur l'affiche suffit pour remplir la salle, et exercer sur le public une irrésistible attraction. On dut refuser des places tous les soirs.

L'aimable actrice en qui s'incarna l'esprit français, léger insouciant et frivole, portait en elle, comme un don de nature, les qualités charmantes et les aimables faiblesses d'une société disparue.

Déjazet venait de marquer son passage à Rouen par une noble action ; elle avait appris qu'un artiste de la troupe rouennaise devait partir pour six ans sous les drapeaux. Le sort lui ayant été défavorable, ce jeune homme était forcé d'abandonner la carrière, où il avait eu de beaux succès, pleins de promesses pour l'avenir. Déjazet organisa, à son insu, une représentation à bénéfice [1], elle s'y prodigua ; la recette fut telle qu'elle paya, et au-delà, un remplaçant à Henri Luguet, que le Théâtre de Lille devait posséder l'année suivante.

Le 15 août, elle fit ses adieux aux Lillois dans *les Premières Armes* et dans *Létorières* où l'excellent Bardou était un Desperriers d'un comique achevé. Ses partenaires étaient Delannoy, Deplanck, Pottier, Mmes St-Ange et Théodore. Avant son départ, Déjazet avait un pieux devoir à remplir, elle se rendit au cimetière de la ville, à la sépulture d'un pauvre musicien, dont tout le monde connaissait, à Lille, l'histoire lamentable ; elle lui fit élever un modeste monument sur lequel fut gravée l'inscription qu'on y voit encore : « *Une amie a passée par ici. — V. D. — A Victor Franchomme. — 12 août 1843.* »

En 1845, du 27 octobre au 3 novembre, seconde visite sous la direction Bardou. Elle joua le même répertoire qu'en 1843, sauf un vaudeville nouveau *la Gardeuse de Dindons*. Déjazet venait de quitter les Variétés après la faillite du directeur et avait entrepris une grande tournée en France et à l'étranger. Une note, mise en vedette sur l'affiche, annonçait que « Mlle Déjazet étant obligée de se rendre en Belgique par des

---

[1] Le bénéfice de Rouen fut une des premières manifestations de cette délicatesse de cœur qui caractérisa Déjazet. Que de services elle a rendus, que d'artistes secourus, que d'auteurs encouragés, lancés par elle ! La liste en est longue. Plus d'une fois, elle abandonna la recette à un directeur traqué par les huissiers, ou son cachet à un camarade dans la détresse, car Déjazet était sensible et bonne. Cette inépuisable bonté se traduisait sous des formes différentes ou dans des occasions bien diverses, et si la célèbre parole, rééditée un jour par Dumas fils : « il lui sera beaucoup pardonné parce qu'elle a beaucoup aimé » n'avait pas été prononcée, on l'aurait inventée pour elle.

engagements antérieurs » ne pouvait donner que deux repré-
sentations à Lille ; elle en donna quatre, avec le concours de
Tiste, Montreuil, Bardou, Riquier, Deplanck, Mmes Germain,
Collignon et St-Ange. Cette année-là encore, une de ses
premières visites fut pour la tombe de son ami. Dans la suite,
Mlle Collignon se chargea d'y déposer chaque mois, au nom de
Déjazet, une fraîche couronne de fleurs,

En 1856, troisième séjour à Lille, du 15 mai au 18 juin, avec
une troupe complète. Seize représentations composées, outre
l'ancien répertoire, de *Colombine*, *Gentil-Bernard*, *la Douairière
de Brionne*, *le Sergent Frédéric*, *les Trois Gamins*, etc.

Déjazet était alors dans la soixantaine ; elle avait conservé
toutes les qualités qui la distinguaient : naturel, finesse, esprit ;
elle était restée, ce qu'elle avait toujours été, l'enfant chéri du
succès. Elle dansait avec une grâce charmante et chantait très
agréablement, aussi bien *le Vin à quat' sous*, en gamin de Paris,
sautant et gambadant, vêtue d'une blouse bleue et d'un pantalon
de coutil, que *Lisette*, en vieille, dans un fauteuil à bras, sous le
bonnet à tuyaux et la robe à ramages. Ces simples couplets du
grand chansonnier, avec quel art extrême elle les détaillait !
Pauvre Lisette, pauvre Déjazet !

Cette fois encore, elle laissa à Lille le souvenir d'une bonne
action ; elle donna sa dernière représentation le 18 juin, au
bénéfice des inondés du Midi.

Déjazet revint dix ans après, en août et septembre 1866,
mais sur une autre scène, celle des Variétés, la salle coquette
de la rue Esquermoise. Elle commença le 17 août, par *les
Premières armes de Richelieu* ; parmi les nouveautés qu'elle
nous fit applaudir, citons *Monsieur Garat* et *Voltaire en vacances*.

12

Ses partenaires étaient Bertrand, aujourd'hui directeur des Variétés à Paris, Luco, Lanjallais, Grafetot, N. Lemaître, Mlle Mois. Son nom en vedette sur l'affiche était accompagné, comme toujours, de celui de son fidèle Tourtois, qui ne l'avait pas quittée depuis 1845. Dans la suite, les directeurs du Théâtre engagèrent chaque année Tourtois, qui s'était fixé à Lille et qui y mourut.

Née le 30 août 1797, Déjazet entrait, le 31 août 1866, dans sa soixante dixième année ; on tint à célébrer cet anniversaire par une fête intime qu'organisèrent MM. Bertrand, directeur, et Blanc, propriétaire du Café des Variétés. Il y eut un souper, suivi d'une sauterie qui dura jusqu'au jour. Déjazet se montra d'une gaîté et d'un entrain extraordinaires, elle dansa comme une jeune fille et fatigua plus d'un valseur intrépide, et si l'âge de la reine de cette fête n'était revenu à la mémoire de ses admirateurs, plus d'un se serait changé, ce soir-là, en adorateur. A la ville comme au théâtre, elle exerçait toujours le même attrait.

Déjazet resta deux mois, et donna 25 représentations ; la dernière fut celle du 4 octobre 1866, où elle nous fit ses adieux définitifs dans *les Premières Armes* et *Lisette*.

Le 3 juin 1870, Déjazet donnait sa représentation d'adieu, à Paris, dans *les Prés Saint-Gervais*, à son propre théâtre, le Théâtre-Déjazet. Mais la pauvre grande artiste devait, dans ses dernières années, traverser de cruelles épreuves et de durs tourments. La guerre, le siége, épuisèrent ses ressources, l'avenir était bien noir. Devant cette affreuse situation, et par un mouvement généreux, spontané dans le monde du théâtre, toutes les sommités de l'art lyrique et dramatique se concertèrent et décidèrent d'organiser, pour le 7 septembre 1874, un bénéfice pour Déjazet, une représentation à l'Opéra, salle Ventadour. Dans cette soirée mémorable, dont le chiffre de recette dépassa cent mille francs, Déjazet tint à remercier elle-même ce public qui pendant si longtemps l'avait applaudie et fêtée : elle joua *Monsieur Garat*. Malgré ses soixante-seize ans accomplis, elle avait conservé la vivacité de son jeu et si sa voix n'avait pas perdu son éclat, elle eut paru telle qu'on l'avait connue trente ans auparavant. Les artistes des principaux théâtres de Paris figurèrent à cette représentation, sous les costumes rappelant les types créés par Déjazet. Cette représentation n'était pas la dernière dans laquelle cette artiste extraordinaire devait faire ses derniers adieux ; elle reparut en septembre 1874 et en juin 1875, pour tendre une main débile, mais encore secourable, à un directeur dans l'embarras.

Déjazet devait terminer dignement sa carrière dramatique ; la dernière fois qu'elle parut au Théâtre, elle était dans sa soixante-dix-neuvième année et ce fut encore pour une bonne œuvre. Elle si malheureuse, si vieille, si cassée, elle voulut encore payer son tribut à cette fièvre de charité qui l'avait dévorée toute sa vie : le 2 octobre 1875, elle donna aux Variétés une représentation au bénéfice de la mère de Grenier. Elle y chanta *Lisette*, mais elle était à bout de forces et défaillante, c'était fini, bien fini.

Deux mois après, le 1er décembre, elle mourait.

———

Première représentation de DON PASQUALE

9 novembre 1843

(Direction Bénard)

Avant d'occuper pendant trente ans l'emploi de chef d'or-chestre du Théâtre de Lille, Bénard y fut directeur pendant deux ans. La composition de sa troupe, la variété du répertoire et le choix des œuvres dénotaient un véritable artiste, un musicien épris de son art plutôt qu'un homme habile, un administrateur soigneux de ses intérêts. Aussi les comptes de sa direction se soldaient-ils sans bénéfices.

Et pourtant, malgré la rigueur qu'on montra envers lui, ces deux années furent des plus brillantes. Jamais on ne vit une pareille succession d'artistes de premier mérite : Espinasse, Boulo, Lesbros, Mathieu, Duffeyte, Carlo, Bardou, Luguet ; MM^{mes} Hébert, Julian, Heinefetter. Sous cette direction furent montés, entr'autres ouvrages nouveaux, cinq opéras de Donizetti : *la Fille du Régiment*, *Nizza de Grenade* (Lucrezia Borgia), *Don Sébastien*, *les Martyrs* (Poliuto) et *Don Pasquale*.

Don Pasquale, écrit spécialement pour le Théâtre-Italien de Paris, y avait été représenté le 4 janvier 1843 par l'admirable quatuor de la salle Ventadour : Lablache, Mario, Tamburini et Mme Grisi. Le 9 novembre de la même année la partition de Donizetti fut exécutée pour la première fois à Lille, par : Mathieu (Don Pasquale), Duffeyte (Octave), Hébert (le Docteur), Mme Hébert (Louise)

Le succès fut tout entier pour Mme Hébert, qui eut les honneurs de la soirée. Couverte d'applaudissements après l'air « pauvres amants ! » elle fut rappelée à diverses reprises. Duffeyte fut jugé un peu lourd. Mathieu étonna tout le monde par son comique achevé, il contribua beaucoup au succès de la pièce ; le public, habitué à juger cet artiste dans le grand opéra lui montra par son accueil qu'il pouvait aborder le genre bouffe sans déroger, ni amoindrir son talent.

Malgré le succès de *Don Pasquale*, on n'en donna que six représentations dans l'année.

Première représentation de NORMA

23 novembre 1843

(DIRECTION BÉNARD)

Parmi les belles soirées du Théâtre de Lille, il faut citer la première représentation de *Norma*.

C'était la seconde année de Bénard, depuis la réouverture de la salle ; nous avions alors deux chanteuses, à qui l'Opéra devait bientôt ouvrir ses portes, Mme Julian et Mme Hébert, dont les noms inséparables sont encore vivants dans la mémoire de beaucoup de nos concitoyens.

Norma, le chef d'œuvre de Bellini, chanté à Milan en 1822, le fut à Paris au Théâtre-Italien, le 8 décembre 1835. Cette partition qui avait excité l'émulation de la Grisi et de la Pasta, devait illustrer Sophie Cruvelli, la Malibran, et les cantatrices les plus célèbres.

Le livret italien avait été arrangé pour la scène française, en trois actes et cinq tableaux par Etienne Monnier; la première représentation en avait été donnée au Théâtre-Royal de La Haye en 1838, Mme Hébert y avait créé le rôle d'Adalgise qu'elle devait reprendre à Lille.

Le 23 novembre 1843, la salle de notre théâtre était littéralement comble. Après l'ouverture, le chœur d'introduction, très bien exécuté, produisit beaucoup d'effet ; dans le duo qui suit, on remarqua la cavatine de Pollion que Duffeyte chanta avec sentiment et une grande pureté.

La prière de Norma, accompagnée par le chœur, cette page empreinte d'un si grand caractère religieux, fit sensation. Mme Julian y mit une expression inexprimable. Sa voix si riche et si étendue, ses vocalises, aussi brillantes que pures, la délicatesse avec laquelle elle *perlait* cette gamme chromatique ascendante et descendante du point d'orgue, où l'on percevait toutes les notes avec une netteté, une douceur et une justesse étonnantes, tout cela mit le public dans le ravissement.

Au second acte, le duo entre Norma et Adalgise produisit un effet difficile à décrire. Un seul mot pouvait exprimer les sentiments de tout l'auditoire et ce mot était sur tous les lèvres : « c'est admirable ! » Mme Julian et Mme Hébert pouvaient revendiquer à bon droit, et pour elles seules, le succès de l'ouvrage.

Mais ce fut au troisième acte après le duo entre les mêmes artistes que l'enthousiasme du public éclata en bravos et en trépignements à faire crouler la salle. Il aurait été impossible, aussi, de trouver deux chanteuses semblables et le Théâtre de Lille pouvait se montrer fier de les posséder.

Norma était une véritable lutte de virtuoses : Mme Hébert avec sa grâce et sa légèreté, Mme Julian avec sa distinction et son énergie, toutes deux assouplissant leur talent dans les différentes situations dramatiques de cet ouvrage.

Pollion est un rôle effacé et sacrifié, Duffeyte y fut fort applaudi dans les deux ou trois morceaux que le compositeur lui a réservés. Bon accueil fut fait à Tiste qui jouait Flavien et auquel par parenthèse on appliquait un affreux jeu de mots, qui n'avait même pas le mérite d'être exact, car on répétait que « la troupe d'opéra du Théâtre de Lille était *bonne à part Tiste* »

L'orchestre, bien dirigé, contribua et participa au succès général.

Norma eut un grand nombre de représentations ; chaque soir mêmes ovations, couronnes et bouquets après les trois duos, qui attirèrent au Théâtre, pendant cinq mois, Lille et les environs.

RACHEL

(1844, 1848, 1850, 1851, 1852)

Que n'a-t-on pas écrit, en prose et en vers, sur l'illustre tragédienne? Musset et d'autres poètes l'ont chantée; J. Janin lui a consacré un volume. La peinture, la sculpture, la gravure, le dessin et la photographie l'ont représentée dans toutes ses attitudes tragiques.

Mlle Rachel emplit l'ancien et le nouveau monde de sa renommée, peuples et rois l'admirèrent; en peu d'années avec la gloire, elle acquit une fortune immense, pour disparaître, jeune encore, sans avoir joui de tout cet or, amassé avec une âpreté qui n'avait d'égale que son ardeur fiévreuse au travail.

On sait que Rachel, ou plutôt Elisabeth Félix, naquit dans une auberge, en Suisse, et que sa naissance ne fut même pas inscrite sur un registre quelconque; après avoir végété dans la plus extrême misère, elle arriva à Paris où Choron voulut, en 1835, en faire une chanteuse. Elle entra au Conservatoire, au cours de déclamation, à quinze ans et demi,

13

pourvue d'une bourse de 600 francs. Quoique son aspect chétif et malingre lui attirât plus de dédain que de sympathie, le directeur du Gymnase l'engagea, puis Samson, découvrant chez elle des instincts dramatiques, l'entreprit et la fit débuter à la Comédie-Française ; elle n'avait pas dix-huit ans.

Pendant trois mois, elle ne joua que six rôles tragiques, et tout à coup, ce fut un coup de foudre : les recettes, dont la moyenne pendant ces trois mois n'avait été que de **724** francs, montèrent brusquement à 4 800 francs par représentation. A partir de ce moment sa popularité grandit chaque jour ; devant cette fureur, cet engouement du public, la rapacité de Rachel et de sa famille se découvrit tout entière, et dès lors, ce fut une lutte de tous les jours, un débat continuel pour le prix de ses services. Vainement directeurs, artistes, journalistes se liguèrent-ils contre elle, vainement son vieux professeur Samson la repoussa-t-il, rien n'y fit, le public continua à acclamer celle qui lui rendait les chefs-d'œuvre délaissés, et sauvait de l'oubli les vers immortels de Racine et de Corneille ; il fallut céder. A vingt ans, Mlle Rachel avait atteint le chiffre énorme, invraisemblable à cette époque, de 60.000 francs de traitement fixe et garanti, plus les feux et trois mois de congé. Alors commencèrent ses excursions, ses voyages à Londres, à Lyon et en Suisse, où elle fut accueillie comme une reine.

A six reprises différentes, en moins de dix années, Rachel vint en représentations à Lille.

En 1844, avec quelques artistes, et complétant sa troupe avec deux ou trois pensionnaires du Théâtre de Lille, elle y joua :

le 26 juillet, *Horace,*
28 — *Marie-Stuart* de Lebrun,
30 — *Andromaque,*
1ᵉʳ août, *Phèdre,*
30 — *Marie-Stuart.*

Affluence considérable et enthousiasme indescriptible. A chaque représentation, les fleurs et ies couronnes jonchaient la scène; des pièces de vers jetées sur le théâtre étaient lues par les artistes, à la demande du public. Mais aussi, combien cet accueil était justifié! Dans *Horace,*, les imprécations de Camille avaient, au plus haut point, impressionné les auditeurs, ceux qui subsistent aujourd'hui ont encore, vibrant à l'oreille, l'écho de cette voix éclatante et terrible. Dans *Phèdre,* sa véritable incarnation, fruit de ses études et de ses veilles pendant cinq ans, elle avait atteint la perfection. C'est ce rôle qui a sacré Rachel grande tragédienne.

Le prix des places, augmenté de moitié, n'avait pas arrêté nos concitoyens, aussi la part de Mˡˡᵉ Rachel pour ces cinq représentations fut de 11.165 francs 65 centimes.

En 1848, elle joua :
le 25 juin, *Jeanne d'Arc* de Soumet,
28 — *Phèdre,*
30 — *Virginie* de Latour-St-Ybars,
2 juillet, *Bajazet.*

Même accueil. Rachel se surpasse dans ce rôle de *Phèdre,* où elle est acclamée; elle y efface le souvenir, encore très vif à Lille, de Mˡˡᵉ Duchesnois. Rachel était cette fois accompagnée de son frère Raphaël et Geniès, ancien pensionnaire du Théâtre-Français et du Théâtre de Bruxelles.

En 1850, elle revint avec une troupe « complète et entière d'artistes des premier et second Théâtres-Français » qu'une vaste diligence transportait de ville en ville sous l'œil vigilant de son frère Raphaël. C'est dans ce véhicule qu'elle parcourut trente-cinq villes, d'une extrémité de la France à l'autre, et donna soixante-dix représentations en trois mois. « Quelles fatigues, écrivait-elle, mais quelle dot ! »

Donc, cette année 1850, elle donna :

le 21 mai, *Polyeucte* et le *Moineau de Lesbie*, d'Armand Barthet,

3 juin, *Adrienne Lecouvreur*.

Ces deux soirées présentèrent le plus grand intérêt ; dans *Polyeucte*, qu'il était rarement permis d'entendre, la grande artiste fut touchante jusqu'aux larmes. Quelle contraste dans le *Moineau de Lesbie*, où son jeu fin et spirituel dépeint tour à tour la coquetterie et l'émotion, sous une apparence de raillerie ! *Adrienne Lecouvreur* avait fait courir tout Paris, Rachel y eut, à Lille, un succès d'enthousiasme : elle y disait la fable des *deux Pigeons* avec une grâce exquise, l'agonie d'Adrienne était d'un réalisme parfait.

En 1851, une seule représentation, le 5 mai : *Horace et Lydie* de Ponsard et le *Dépit amoureux*.

En 1852, le 14 juin, *Phèdre* et le 3ᵉ acte du *Misanthrope*; le 25, *Diane* et le 2ᵉ acte de *Virginie*.

Puis l'année suivante : le 29 mai, *Phèdre* et le 30, *Lady Tartuffe*. Vers la fin de sa carrière, la tragédienne voulait entrer dans le domaine de Mˡˡᵉ Mars, Célimène la tenta ; dans *Lady*

Tartuffe, que Mme de Girardin écrivit pour elle, c'était un modèle d'hypocrisie et de dissimulation.

Nous ne devions plus revoir Rachel à Lille, elle voyagea en Belgique, en Autriche, en Italie, en Allemagne, en Russie, et partit en Amérique, d'où elle revint avec la maladie qui l'emporta, à trente-six ans, le 4 janvier 1858.

—

Les sœurs de Rachel, Dinah, Léa et Sarah, l'inventeur de *l'Eau des Fées*, ont été à la Comédie-Française, son frère, Raphaël Félix, qu'elle appelait « le Juif-Errant » était bien connu à Lille où il vint à différentes reprises et particulièrement en 1858, où il fit la saison d'été de mai à juin, comme directeur, sous le règne de son coréligionnaire Simon Lévy.

Mme MARIE LAURENT

(1844, 1848, 1850, 1851, 1852)

Le lundi 8 juillet 1844, à la fin de la saison théâtrale d'été, Bardou étant directeur privilégié, une jeune artiste dramatique accomplissait, sur la scène lilloise, son premier début comme « forte jeune première et jeune premier-rôle » ; elle avait choisi *la Grâce de Dieu*, cette idylle dramatique, que les années n'ont pas encore atteint et à laquelle on paie toujours le même tribut de larmes.

La débutante fut accueillie avec transport, avec enthousiasme ; du premier coup, elle devint l'enfant gâtée du public. Son second début eut lieu dans une comédie-vaudeville, *Louise ou la Réparation*, et le troisième dans la célèbre comédie de Scribe, le triomphe de Mlle Mars, *Valérie*. Pour ne pas déroger à un usage antique et solennel, on avait exigé les trois épreuves, quoique la nouvelle pensionnaire ait été accueillie à bras ouverts dès la première soirée.

Cette jeune débutante qui enlevait un public aussi difficile dans son choix, aussi sévère dans ses arrêts que l'était alors le public lillois *(quantum mutatus !)* n'était autre que Mme Marie

Laurent, elle s'appelait alors Mlle Marie Luguet. Elle avait la voix forte et vibrante, les traits expressifs, des yeux noirs pleins d'éclairs, des attitudes sculpturales, une intelligence profonde de la scène ; tout en elle annonçait un grand talent à son aurore, une comédienne de race [1].

Mlle Marie Luguet, à peine entrée dans la troupe, eut l'occasion de montrer toute l'étendue de son talent. Lorsque le 26 juillet, Rachel vint en représentations, elle dut recourir à l'obligeance des artistes de la troupe de Bardou, Mlle Luguet prit le rôle de Sabine dans *Horace*, Elisabeth dans *Marie Stuart* et OEnone dans *Phèdre*.

---

[1] Comédienne de race, Mlle Marie Luguet méritait bien ce titre, ses grands parents, son père, sa mère, ses frères et sœur appartenaient ou touchaient de près ou de loin à l'art dramatique. Dans l'année même où elle obtenait un accueil si sympathique à Lille, sa mère jouait les duègnes à Bruxelles, mais une duègne comme, de mémoire de Bruxellois, on n'en a plus vue.

Sa sœur, Mme Vigne-Luguet, tint pendant deux années consécutives, au Théâtre de Lille, de 1857 à 1859, les emplois annexés de jeune premier-rôle, grande coquette, de seconde chanteuse et mère dugazon ; elle fut dans la suite engagée au Théâtre Michel à Saint-Pétersbourg où elle eut de grands succès et où elle resta très longtemps.

Son frère, René, le *joyeux Luguet*, comme on l'appelait, était acteur à Paris, au Gymnase, il passait l'année suivante au Palais-Royal où il est encore. C'était le gendre de Mme Dorval.

Son autre frère, Henri, faisait depuis un an, partie de la troupe du Théâtre de Lille, comme jeune premier et jeune premier-rôle, avec les rôles annexés de Moreau-Sainti et de Philippe dans l'opéra. Il abordait tous les genres : vaudeville, comédie, drame, tragédie et opéra ! Il avait fait son second début dans Tavannes des *Huguenots* et joua Pyrrhus dans *Andromaque* et Curiace dans *Horace* avec Mlle Rachel en tournée à Lille. C'est lui qui créa ici *Don César de Bazan*, où il eut un succès considérable ; on le comparait — pour ne pas dire plus — à Frédérick Lemaitre. Toujours à son rôle au théâtre, gai compagnon à la ville, il ne comptait que des amis.

Enfin, un troisième Luguet, Eugène, fit partie de la troupe lilloise en 1849-50. Il avait débuté brillamment dans les *Mémoires du Diable* et il fit maintes créations heureuses dans trois grands drames de Sue alors fort populaires : le *Juif Errant*, les *Mystères de Paris* et les *Sept péchés capitaux*. Il créa aussi *François-le-Champi*.

Dans le courant de cette brillante année 1844-45, attristée à son début par la mort du ténor Delahaye, Mlle Marie Luguet joua tous les rôles du répertoire et créa entre autres le *Mari à la Campagne*, *Don César de Bazan*, la *Comtesse d'Altenberg*, la *Dame de Saint-Tropez*, elle ne dédaignait pas le vaudeville, ni même — plaisant souvenir — la farce et la bouffonnerie: dans cette amusante folie des *Rendez-vous bourgeois*, qu'on jouait ne travesti au moment du carnaval, elle prît le costume masculin et le rôle du grand dadaïs Charles, où elle fit rire aux larmes, contre son habitude.

Mlle Marie Luguet fit ses adieux au public lillois le 30 avril 1845, dans *Louise*, cette comédie-vaudeville où elle avait accompli son second début. A son entrée, elle fut accueillie par des acclamations répétées, et à la fin de la pièce, elle fut rappelée avec son frère Henri [1] ; une pluie de fleurs tomba aux pieds de ces deux artistes que Lille a regrettés longtemps. Mlle Luguet reçut en outre de nombreux témoignages d'admiration des abonnés et habitués.

---

1 Henri Luguet est décédé le 9 septembre 1888, à Courbevoie ; né à Périgueux en 1822, presque sur le théâtre (sa mère ressentit les douleurs de l'enfantement pendant la représentation), Henri Luguet débuta à onze ans dans la troupe d'enfants de Castelli, avec laquelle il visita Dunkerque, Nancy et Lunéville. A dix-sept ans, il fut engagé comme troisième amoureux à Brest, puis il alla à Genève et à Rouen, où une représentation à son bénéfice, organisée par Déjazet, lui permit de se faire remplacer pour le service militaire. De 1843 à 1845, il fit partie de la troupe du Théâtre de Lille.

L'année suivante, il était à Bruxelles. En 1847, il parut à l'Odéon, ensuite au Vaudeville, enfin à la Porte-Saint-Martin où il resta onze ans sous la direction de Marc Fournier ; pendant cette brillante période de sa carrière dramatique, il revint à Lille, en avril et mai 1858, donner une série de représentations, et retrouver l'accueil sympathique qui l'avait salué à son départ. Luguet n'était venu, tout d'abord, que pour le bénéfice de Mme Vigne, sa sœur, le 23 avril ; mais

Quelques jours après, le 3 mai, Mlle Marie Luguet épousait à Bruxelles, M. Pierre Laurent, baryton au Théâtre de la Monnaie, artiste d'avenir qu'une mort prématurée devait enlever presqu'au début de sa carrière [1]. Mme Marie Laurent fut engagée à Bruxelles, puis à Marseille, enfin à Paris où elle passa successivement à l'Odéon, au Vaudeville, à la Porte-Saint-Martin, à l'Ambigu, au Châtelet.

Dix ans après son départ de Lille, elle y revenait, artiste de l'Odéon, donner une série de représentations en décembre 1855. En voici le détail :

3 décembre, *Adrienne Lecouvreur*.
5 — *Marie-Jeanne*.
7 — *François-le-Champi*.
10 — *Marie-Jeanne* et *François-le-Champi*.
11 — *Adrienne Lecouvreur*.
13 — *Lady Tartufe*.
17 — *l'Honneur de la maison*, 4e acte d'*Horace*.
18 — *Lady Tartufe*.

---

il fut reçu si chaleureusement, qu'il dut donner six représentations consécutives dans lesquelles il joua ses succès d'antan : *les Mères repenties*, trois fois *Don César de Bazan* et quatre fois *les Mémoires du Diable* qu'il avait repris à Lille en 1855 après Armand, et où il avait eu un succès considérable.

Luguet partit en 1863 pour la Russie, où il resta seize ans, tant comme acteur que comme administrateur du Théâtre Michel à Saint-Pétersbourg ; il revint chevalier des ordres de Saint-Stanislas et de Sainte-Anne. A son retour en France, il entreprit différentes affaires où il vit sombrer sa fortune. Ces pertes d'argent lui causèrent de graves soucis, qui contribuèrent en partie aux progrès du mal qui devait l'enlever.

1 Pierre Laurent créa au Théâtre-Lyrique (boulevard du Temple) en 1852, le rôle du Roi dans l'opéra d'Adam, *Si j'étais Roi !* avec Tallon, une de nos anciennes connaissances, qui chantait Zéphoris.

Dans cette tournée, qui fut un triomphe, on voit que Mme Marie Laurent interpréta le répertoire de comédie de Rachel ; elle produisit surtout une profonde impression dans *Marie-Jeanne*, ce rôle de « six cents lignes et de six cents effets » que lui apprit, en une seule nuit, Mme Dorval.

En 1865, nouveau voyage à Lille, elle était alors à l'Ambigu, Mme Marie Laurent joue les 28, 29 septembre, 1er et 2 octobre, un drame épisodique, très attachant, *la Voleuse d'enfants*. Cette date n'est pas si éloignée pour que nos concitoyens ne se rappellent le détective Francis et l'amusant Aristide, sous les haillons de la mendiante anglaise. Cette fois encore, succès très grand.

En 1870, les 22, 23, 25 et 29 avril, elle nous rend, avec une vigueur et une passion extraordinaires, les belles scènes de *Lucrèce Borgia* ; le 28, elle joua *la Poissarde*.

Enfin en 1871, au mois d'août, avec une société dramatique composée des principaux artistes des théâtres de Paris, Mme Marie Laurent et M. Desrieux, qu'elle a épousé en secondes noces, les deux Berton, Talien, Mmes Saint-Marc, Laurence, Girard, etc., représentent successivement :

le 24 août, *le Marquis de Villemer.*
le 25 et le 27, *la Fiammina.*

Actuellement, Mme Marie Laurent est considérée comme la protectrice des vocations naissantes ; elle a reçu honneurs et distinctions. Elle est certainement la doyenne des artistes dramatiques de France, s'il est exact, comme on le raconte, qu'elle débuta à Amiens, à l'âge de trois ans, et qu'elle séjourna à Rouen et à Toulouse avant de venir à Lille. Le nombre de ses créations est incalculable.

Si la longue carrière qu'elle a parcourue a été une suite de succès, les commencements n'ont pas été exempts de difficultés. Servie par une intelligence d'élite, mais sans autre maître que son père, elle dut se livrer à des études opiniâtres et à un travail persévérant avant de mettre le pied sur la scène française qu'elle devait illustrer.

FRÉDÉRICK LEMAITRE

(1845)

Depuis longtemps les théâtres de Paris faisaient fortune avec le nom de Frédérick, depuis longtemps aussi les privilégiés qui avaient pu entendre le *Talma du boulevard* se faisaient l'écho, à Lille, des succès de l'acteur favori du public parisien.

Une occasion permit enfin aux Lillois d'avoir leur part au régal et d'applaudir le grand artiste dans quelques-unes de ses créations. Frédérick, qui était, au mois de mars 1845, à Bruxelles, annonça son voyage à Lille; il y donna, le 14 avril, sa première représentation. Son séjour parmi nous devait être d'une quinzaine, il dura jusqu'à la fin de la saison théâtrale qu'on prolongea même d'un jour. Nous pûmes admirer à notre aise le génie dramatique de l'interprète habituel des œuvres de Victor Hugo, Alexandre Dumas, Ducange, Dennery et Anicet Bourgeois, ces nouveaux maîtres du drame français.

Frédérick était accompagné de Mlle Clarisse Miroy, jeune et belle personne, artiste d'un talent supérieur, la créatrice à la Porte-Saint-Martin de *la Grâce de Dieu* et de *Louisette ou la Chanteuse des rues*, qu'elle joua à Lille dans l'intervalle des représentations. Les artistes de la troupe de Bardou (société en commandite) se montrèrent les dignes partenaires du plus grand artiste dramatique de l'époque : c'étaient Tiste, Luguet, Bardou, Lavillier, Deplanck, Mmes Saint-Ange, Collignon, Théodore, etc.

Voici la liste de ces représentations :

Le 14 avril, *la Dame de Saint-Tropez*;

    16 » *Ruy-Blas*;

    18 » *Don César de Bazan*;

    20 » *La Dame de Saint-Tropez*;

    21 » *Ruy Blas*;

    24 » *Kean ou Désordre et Génie*;

    25 » *Don César*, et le 3e acte des *Mystères de Paris*;

    28 » et le 1er mai, *Trente ans ou la Vie d'un joueur*.

La Dame de Saint-Tropez, était la dernière création de Frédérick Lemaitre et de Mlle Clarisse Miroy. Ce noir mélodrame rappelait diverses phases du récent procès Lafarge, qui avait passionné la France entière. Les défenseurs de l'héroïne y voulaient trouver une réhabilitation, c'était une pièce d'actualité pleine de situations émouvantes. Le public se porta en foule à cette première soirée de Frédérick ; il était terrifiant dans la scène du dernier acte, lorsqu'il surprenait son ami, lui versant le poison. Ceux qui l'ont vu se rappellent son effrayant jeu de physionomie, reflété dans le miroir de la toilette ; ils n'ont pas oublié l'expression poignante de ses traits, l'explosion de colère vengeresse, quand il saisissait la main du coupable et faisait voler sa tasse en éclats. Durant cette scène, qui prenait quelques minutes, un silence de tombeau régnait dans la salle. C'était Lavillier qui jouait l'assassin, vraie figure de traître, farouche et sombre, d'un aspect féroce; il eut une grande part de succès.

Ruy Blas, faut-il le dire, ne fut pas goûté des Lillois. Lors de la première représentation, Frédérick paraissait fatigué, sa voix était sourde; peu de monde, du reste. A citer, parmi les scènes qui réveillèrent un peu le public : celle du mouchoir, au troisième acte, et celle du meurtre, au cinquième.

A la seconde représentation, fait inexplicable, la salle était presque vide. Luguet, qui jouait Don César, était étourdissant, mais il ne put dégeler le public, lui, l'enfant gâté des Lillois.

Le lendemain, Frédérick Lemaître était acclamé à son entrée dans *Don César de Bazan*, sous l'accoutrement grotesque qu'on connaît; violemment jeté à la porte du tripot il venait rouler jusqu'au milieu de la scène. Mlle Miroy faisait apprécier dans ce drame, sa jolie voix de mezzo-soprano.

Kean, la belle œuvre de Dumas, prêtait à de nombreux rapprochements entre le personnage de la pièce et le comédien. On se communiquait dans la salle des allusions un peu trop personnelles et du pur domaine de la vie privée. Jamais dramaturge n'a rencontré interprète plus vivant, plus passionné : dans la scène de folie, il tonnait et rugissait comme un lion.

Frédérick Lemaître termina sa série de représentations par *Trente ans ou la Vie d'un Joueur*, drame populaire, que Ducange écrivit en collaboration avec un de nos concitoyens, Arthur Dinaux. Qui ne sait par quelle suite de chûtes et de dégradations le jeune et brillant Georges devient le mendiant assassin de son fils ; le grand artiste apportait dans ce rôle, qui fut un de ses plus grands succès au théâtre, toutes les ressources de son génie. Dans le troisième acte des *Mystères de Paris*, qu'il joua le 25, Frédérick nous montrait un type supérieurement étudié, celui de Jacques Ferrand, le héros du célèbre roman d'Eugène Sue C'était bien là l'usurier avare, hypocrite et lâche; il s'y montrait, avec supériorité, observateur profond.

—

Plus de vingt-cinq ans après nous avons revu Frédérick Lemaître dans *Trente ans*, il était brisé par l'âge, mais c'était encore le grand artiste qui sut conserver jusqu'aux limites de sa carrière ce feu sacré, cette flamme, que le génie met au front de ses élus.

—

Frédérick Lemaître avait deux fils au théâtre, tous deux morts aujourd'hui. L'aîné, Charles, appartint successivement à l'Ambigu, à la Gaîté, à la porte Saint-Martin, et une année au Théâtre de Lille en qualité de jeune premier rôle; il revint ici, au mois de novembre 1864, donner deux représentations d'un drame historique où il avait beaucoup de succès, *l'Homme au Masque de fer*. L'autre, Napoléon, fit aussi partie de la troupe de notre Théâtre pendant deux années, de 1864 à 1866; il y tenait l'emploi de jeune premier. C'était un tempérament d'artiste, consciencieux, intelligent et travailleur; il eut d'heureuses créations à Lille, entr'autres *le Marquis de Villemer*, *Rocambole*, *la Reine Margot*, *Henriette Maréchal*, *Gringoire*, etc.

Première représentation de CHARLES VI

31 mars 1846.

(Direction Bardou)

———

· Encore une belle soirée que celle-là !

A la fin de l'année théâtrale, la direction monta l'opéra patriotique d'Halévy. Après plus de deux mois de répétitions et d'études, nous entendîmes cette belle œuvre, attendue depuis trois ans avec autant d'impatience que de curiosité.

Il y avait dans l'air, à cette époque-là, un vent de chauvinisme qui mettait bien parfois les têtes à l'envers, et on pouvait prévoir d'avance l'accueil qui serait fait aux couplets guerriers et aux beaux vers de Casimir et Germain Delavigne.

Charles VI avait été représenté pour la première fois à l'Opéra le 15 mars 1843, les principaux rôles étaient tenus par Baroilhet, Duprez, Levasseur, Poultier, Mmes Dorus-Gras et Stolz. — Ces deux chanteuses étaient connues des Lillois ; Mlle Dorus, née à Valenciennes, s'était fait entendre bien jeune (elle avait 15 ans) sur notre scène et elle y était revenue depuis à différentes reprises. Mlle Stoltz avait fait partie de la troupe en 1832-33 [1]. Baroilhet devait, en mai 1847, venir chanter à Lille, au bénéfice du directeur Bardou, alors en déconfiture [2], ce même rôle de *Charles VI*, sa plus belle création.

L'ouverture, résumé en quelque sorte de l'opéra, souleva les premiers applaudissements ; les effets en furent vigoureusement mis en relief par l'habile direction de Bénard.

Le « Guerre aux tyrans !» devint immédiatement populaire, et le souvenir de la malheureuse Pologne venait à l'esprit de tous après les vers :

> Un jour voit périr une armée,
> Mais un peuple ne meurt jamais !

Mathieu qui les chantait fut interrompu par les « bis ! » du public. Ce *bis* fut obligé aux représentations suivantes.

Le charmant duo entre Odette et le Dauphin fut pour Mme Morel-Scott et Valgalier, l'occasion d'une véritable ovation et dans la villanelle du second acte. Mme Hébert (Isabeau de Bavière) déploya toutes les richesses de sa vocalise et les ressources de son beau talent.

L'entrée de Lesbros (Charles VI) à la grande scène de folie produisit beaucoup d'effet et le duo des cartes avec Mme Morel se termina au milieu des bravos de toute la salle. Le public

---

1 Voir plus haut, page 47.
2 Voir ci-après, page 118.

avait écouté cet acte, qui est fort long, avec la plus profonde attention.

Valgalier (le Dauphin) fut très applaudi après les couplets du troisième acte, qu'il avait chantés, du reste, avec un grand sentiment [1].

Le quatrième acte, qui s'ouvre par la cavatine et le grand air d'Odette, fut un triomphe pour Mme Morel. Lesbros chanta avec une délicatesse exquise la ritournelle de la chansonnette du « vieil enfant. » Enfin, une agréable surprise nous était réservée dans les couplets de Gontran, d'une facture si originale, chantés par Laget.

Les artistes qui créèrent *Charles VI* semblaient s'être identifiés avec leurs personnages. Lesbros fut véritablement pathétique dans le rôle du roi de France, il émut jusqu'aux larmes et le brave public des *quaterièmes* s'intéressa à l'action comme s'il s'était agi d'un drame du lundi. Le jeu de Mme Morel, sa physionomie, ses gestes, étaient ceux d'une comédienne consommée. Seule, la charmante Mme Hébert faisait contraste dans le rôle de marâtre que son talent lui avait attribué. Valgalier et Mathieu eurent aussi leur très large part de succès.

L'orchestre brillamment mené par Bénard fit merveille, et sous son irrésistible impulsion, musiciens et chœurs marchèrent comme un seul homme. Les costumes et accessoires étaient fort soignés, les canons de bois des Anglais furent

---

1 A la seconde représentation, à ce même passage, Valgalier tomba raide en scène, frappé d'un coup de sang, on baissa le rideau et le quatuor sans accompagnement ne put être exécuté.

salués au passage, et la décoration s'enrichit de deux toiles de fond neuves : une vue du vieux Paris et de l'hôtel St-Paul, par Wicart, et l'intérieur de St-Denis, par Desplechin et Dietrich.

Après le dernier acte, aussitôt le rideau baissé, le public enthousiasmé et excité, demanda... *la Marseillaise !* C'était excusable, ce soir-là, et on fit la part de l'entraînement. Mais cela dégénéra en habitude, aussi voyait-on aux représentations suivantes, les gens calmes, ennemis des manifestations, déguerpir, par prudence, avant la fin de l'opéra.

Première représentation des MOUSQUETAIRES de la REINE

14 janvier 1847

(Direction Bardou)

———

Ceux qui ont assisté à cette première se rappelleront la foule qui envahit la salle aussitôt les portes ouvertes : une « queue » ondoyante, qui s'allongeait depuis plusieurs heures sur les trottoirs non abrités du Théâtre, l'emporta par une vigoureuse poussée sur les efforts des malheureux agents chargés de la maintenir, et en peu d'instants il y eut plus de monde qu'il n'y avait de places. Le public entassé se tenait debout ou bondait les loges ; recette inespérée, la plus fructueuse depuis près de cinq mois, et dont la direction avait le plus grand besoin.

La position de Bardou était, à ce moment-là, des plus critiques : il venait de prendre un arrangement avec ses pension- naires pour le réglement de leurs appointements. Sa troupe avait été décimée par les débuts ; les décisions de la commission des abonnés, en opposition continuelle avec la majorité du public, amenaient du bruit, du tumulte, ajoutez à cela de fréquents « relâches », des procès, etc.

Le public lillois s'était montré dès lors, indifférent, il n'emplissait plus la salle qu'aux représentations d'artistes de passage comme Rachel, Bouffé, Levassor, Espinasse, Dorus-Gras et Laborde; l'opéra d'Halévy sembla le réveiller.

Les *Mousquetaires*, du reste, ne trompèrent pas l'attente générale: action intéressante, intrigue bien menée, un livret comme on en fait peu. Malgré que cet ouvrage date de plus de quarante ans, et qu'il serve encore aux débuts, presque invariablement, chaque année, on l'entend encore avec plaisir; c'est une œuvre qui ne vieillira pas. Le génie du compositeur se révèle à chaque page dans cette belle partition.

M⁻ᵉ Bertin, la première chanteuse, avait pris le rôle d'Athénaïs de Solange; la voix était un peu faible, chevrottait légèrement et l'émotion la paralysait souvent. Cette artiste, très discutée, avait des amis maladroits qui lui attiraient parfois des chuts immérités; un incident dont elle fut victime fit baisser le rideau pendant le second acte: au milieu du quatuor, elle perdit connaissance.

M⁻ᵉ Germain, sa partenaire, une beauté blonde aux yeux noirs, qui fit battre bien des cœurs, était mieux appréciée; elle tenait, au Théâtre de Lille, depuis trois ans, l'emploi de dugazon. C'était une gracieuse Berthe de Simiane.

M⁻ᵉ Théodore remplissait dignement les fonctions de grande maîtresse Laget fut charmant dans le rôle d'Hector de Biron; chanteur de goût, il disait le poème avec un véritable talent de comédien.

Un moment de surprise marqua l'entrée de Valgalier (Olivier d'Entragues) qui avait vaillamment sacrifié sa barbe; artiste consommé, il chanta avec un art infini, et fut applaudi à tout rompre après l'air du troisième acte.

D'Hooghe, la basse chantante, apportait toujours beaucoup de soins à ses rôles, il donna au capitaine Roland une franche allure de vieux bretteur et en fit une heureuse création; il eut aussi une ovation après les couplets du roi Henri.

L'orchestre et les chœurs furent parfaits; ceux-ci, malgré les malheurs des temps, avaient une mise soignée et les robes de satin des demoiselles d'honneur de la reine étaient assez fraîches pour ne pas déparer l'ensemble.

Le succès des *Mousquetaires* fut très grand: l'ouvrage, très bien monté, fit recette; malgré cela, quinze jours après, Bardou était mis en faillite Les artistes se réunirent en société, et le directeur quitta la troupe, dont il faisait partie comme premier comique et seconde basse. Il tomba bientôt dans un état de gêne tel qu'il dut recourir à ses anciens pensionnaires et solliciter une représentation à bénéfice... qui lui fut refusée.

Ce n'est qu'après la fermeture du Théâtre, le 2 mai, que l'autorité municipale lui prêta la salle pour y donner une représentation organisée par Bardou aîné, son frère, du Vaudeville, Baroilhet, de l'Opéra et Bolzaguet, le maître de danse, régla un divertissement avec le ballet d'enfants. Le prix des places avait été augmenté et le total de la recette s'éleva à 4.500 francs; le public donna ainsi à l'ex-directeur un témoignage de sa sympathie.

———

Première représentation du PROPHÈTE

13 février 1852

(Direction Caruel)

Après une fermeture de huit jours, le Théâtre ouvrit le 18 décembre 1851 et Caruel continua l'entreprise abandonnée par Ricard. Vu la dislocation de la troupe, l'administration municipale avait voté quelques subsides au nouveau directeur pour finir l'année.

Caruel réussit à trouver plusieurs bons sujets qui lui permirent de monter le *Prophète* que les Lillois attendaient depuis trois ans.

Ce que nul directeur n'avait voulu tenter sans subvention spéciale, Caruel l'entreprit. Il déploya un luxe et une magnificence rares en province ; il traita, pour les rôles principaux, avec deux artistes d'un grand talent, doubla le nombre des choristes et des danseuses, fit confectionner des costumes et dépensa une somme de 5 à 6,000 francs pour les décors. De plus, il prouva aux pusillanimes qu'il n'était pas superstitieux, car la première représentation de cet opéra, sur lequel reposait sa fortune, eut lieu un vendredi et un 13.

Les beaux jours, ou plutôt les belles soirées allaient revenir.

Le public, tout oreilles, écouta religieusement l'introduction pastorale qui sert d'ouverture. Les chœurs, le duo des deux femmes, et le final des Anabaptistes, au premier acte ; la pastorale, l'adagio, le songe et le quatuor au second ; au troisième, le trio bouffe, le ballet, la révolte ; le quatrième acte tout entier ; puis, au cinquième, l'air de Fidès et l'orgie, firent, sur les auditeurs, la plus vive impression.

Octave (Jean de Leyde), l'ancien ténor léger du Théâtre de Lille, était devenu, grâce à un travail persistant et à l'aide de la méthode Duprez, un fort ténor très remarquable. Sa voix avait acquis une puissance étonnante, le timbre s'en était modifié. Il interpréta avec une exquise délicatesse la romance « Pour Bertha, moi, je soupire, » et enleva avec chaleur l'hymne « Roi du Ciel et des Anges ! » qui communiqua à toute la salle un enthousiasme irrésistible.

Mme Rey-Sainton (Fidès) avait la plus belle voix de *mezzo* du monde, avec de superbes notes de contralto. C'était une artiste d'un talent transcendant ; elle rendit le côté dramatique de son rôle avec un sentiment profond. Jamais l'adagio « O mon fils, sois béni ! » n'a été rendu avec plus d'émotion et de vérité ; elle y arrachait des larmes, ainsi que dans la scène de l'adjuration.

Le geste, la démarche, le jeu de la physionomie, l'expression du regard, tout cela était étudié, travaillé par ces deux intelligents interprètes ; ils concentraient toute l'action et l'attention générale. Quelles voix, quelle justesse d'intonation, quelle sûreté dans l'attaque et la réplique ! Jamais les Lillois n'ont entendu rien de plus parfait, aucun théâtre de province n'a dû posséder, en même temps, deux artistes de cette valeur.

Mlle Bonvoust était un peu faible dans le rôle de Bertha, trop dur pour elle.

Les trois Anabaptistes étaient chantés par Lacroix (Zacharie), Julien (Jonas), Saint-Denis (Mathisen) : l'air de Zacharie fut fort applaudi, ainsi que le trio bouffe dans lequel Léon (Oberthal) abusa cependant du *vibrato* et du *tremolo*. Saint-Denis produisait, avec sa voix forte et bien timbrée, un excellent effet dans l'ensemble ; c'est lui qui, nommé directeur du Théâtre de Lille l'année suivante, disparut le lendemain de l'ouverture.

Les chœurs avaient été augmentés de voix d'enfants d'une justesse remarquable.

L'exécution du ballet des patineurs fut parfaite, il avait été réglé par Mmes Saint-Denis et Charvet, qui firent assaut de talent et de grâce. Le quadrille fut d'une précision irréprochable et devint le grand attrait de la soirée.

L'orchestre était dirigé par Bénard, à qui revint une grande part dans le succès et qui pouvait se glorifier, à bon droit, du résultat obtenu par un travail opiniâtre et une patience à toute épreuve.

Que dire des décors et de la mise en scène? Les bords de la Meuse, la forêt couverte de neige et le panorama de Munster, le lever du soleil, la place publique, l'intérieur de la cathédrale avec sa perspective de colonnes, formaient une illusion complète. Les traineaux, les patineurs, la marche du sacre, réglée de main de maître, l'embrasement du palais, avec ses explosions et ses gerbes de flammes, produisaient un effet grandiose et saisissant.

En trois mois, le *Prophète* eut dix-huit représentations et chaque fois salle comble. C'étaient de véritables soirées de gala : les loges et les galeries étaient occupées par la haute classe de Lille et des villes voisines.

Néanmoins, Caruel, poursuivi par d'anciennes dettes, dut abandonner le privilége qu'il avait sollicité, et un mois avant la fin de l'année, ses pensionnaires se réunirent en société.

—

Nous avons eu, depuis, plusieurs bonnes reprises de l'ouvrage de Meyerbeer; parmi les artistes qui interprétèrent le *Prophète* d'une façon hors de pair, on peut citer Mlle Wertheimber en 1857, Michot en 1873 et Montjauze en 1875.

TABLE

FABER FABRICANDO

www.ingramcontent.com/pod-product-compliance
Lightning Source LLC
Chambersburg PA
CBHW060147100426
42744CB00007B/932